能忙能闲 生活禅

星云大师谈心的妙用

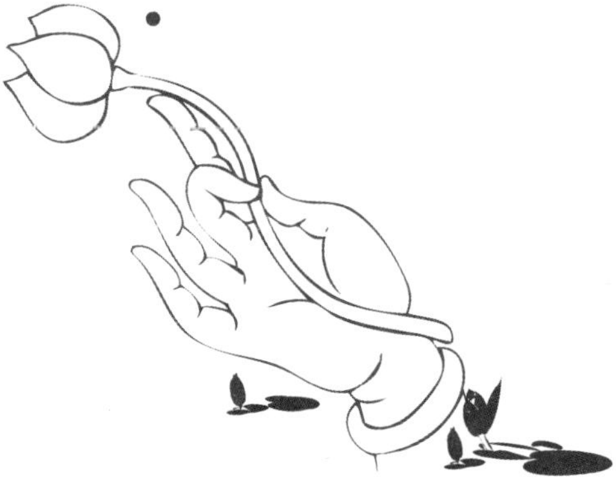

星云大师 著

中国工人出版社

图书在版编目（CIP）数据

能忙能闲生活禅：星云大师谈心的妙用 / 星云大师著.—北京：中国工人出版社，2017.7

ISBN 978-7-5008-6684-8

Ⅰ.①能… Ⅱ.①星… Ⅲ.①禅宗—通俗读物 Ⅳ.①B946.5-49

中国版本图书馆CIP数据核字（2017）第122323号

能忙能闲生活禅：星云大师谈心的妙用

出 版 人　芮宗金
责任编辑　葛忠雨　刘广涛
责任校对　董春娜
责任印制　黄　丽
出版发行　中国工人出版社
地　　址　北京市东城区鼓楼外大街45号 邮编：100120
网　　址　http://www.wp-china.com
电　　话　（010）62005043（总编室）
　　　　　（010）62005039（出版物流部）
　　　　　（010）62379038（社科文艺分社）
发行热线　（010）62005049　（010）62005042（传真）
经　　销　各地书店
印　　刷　三河市东方印刷有限公司
开　　本　880毫米×1230毫米　1/32
印　　张　6.75
字　　数　110千字
版　　次　2017年7月第1版　2017年7月第1次印刷
定　　价　38.00元

目录

禅是悟的，不是学的

1

禅是什么？禅是自觉、禅是生活、禅是艺术、禅是幽默、禅是自然、禅是空无。禅，是我们的自心本性。

——《六祖坛经讲话·般若品》

2

禅是什么？禅是平常心，是一种心境。它“不以物喜，不以己悲”，不为环境的变化而喜忧。平常心，是一种境界。惠能大师云：“本来无一物，何处惹尘埃？”它超脱物外，超越自我。既能超越，还拖泥带水做什么？

——《星云法语·再谈平常心》

3

禅是什么？“道得也三十棒，道不得也三十棒。”[①]禅在有无之中，体会到有无一如，那就得到禅的消息了。

——《开示》

李萧锟 绘

星云语录

禅是平常心，是一种心境。它『不以物喜，不以己悲』，不为环境的变化而喜忧。平常心，是一种境界。惠能大师云：『本来无一物，何处惹尘埃？』它超脱物外，超越自我。既能超越，还拖泥带水做什么？

4

禅是什么呢？据青原禅师说，禅就是我们的“心”。这个心不是分别意识的心，而是指我们心灵深处的那颗“真心”。这颗真心超越一切有形存在，又呈现于宇宙万有之中。

——《人间佛教系列·禅学与净土·谈禅》

5

禅，有时说尽了千经万论，禅的边还没有摸到；有时只轻描淡写的一句话，一个动作，却彻骨彻髓地认识自家本来面目。

——《星云禅话·途中珍重》

6

禅，非妄想，是一种用心探究的功夫，重在精神的统一、意志的集中，非呆坐、非空坐，是要用心用力，精进不已。

——《对禅堂禅学僧开示》

7

禅是健康之道，禅的功用可以开阔心胸、坚定毅力、启发智慧、调和精神、净化陋习、强化耐力、改善习惯、磨炼心志、理解提起、记忆清晰，尤其禅能令我们认识自己，所谓明心见性，悟道归源也。

——《六祖坛经讲话·坐禅品》

8

禅是人间共有的宝藏，禅是人间佛教的根本。禅不是从知识上去理解，无法以知见了达，它必须从生活中去修行、体验，它是从矛盾中可以统一，从差别中可以交流。

——《六祖坛经讲话·般若品》

9

禅是光明，可以照耀自己；禅是般若，可以光大自己。禅是一个朋友，在禅的里面，天下都是有缘人，一切诸佛菩萨、大地众生，都是我们的眷属。

——《六祖坛经讲话·坐禅品》

10

禅，是一种教育，最能改变人的气质；禅是找到我们自己、证悟到我们自己本来面目最好的方法。人间的禅者，悟道不冀望别人，能找到自己，当下即是。

——《开示》

11

禅，是一种艺术的生活；禅，更是一种圆融的生命，自然天成的本来面目。如此美妙的禅，不只属于寺院所有，也不仅仅是出家人所独享，应该属于每一个人、每一个家庭。生活里，都需要禅的智慧、自在、率性与逍遥。

——《星云禅话·序》

12

禅，是一种奉献，是一种喜舍，是扩大自己，悲悯众生。

——《星云大师讲演集·从衣食住行谈禅宗的生活》

13

禅是平常心。有了一颗平常心，有所得时，就不会过分贪求；无所得时，也不会过分烦恼。有了荣耀，看成是大家的成就；受到毁谤，反而觉得受到了教益。能以平常心处世，人生何处不春风?

——《星云法语·平常心》

14

禅是不离开人间的，禅是帮助我们在人间获得解脱的不二法门。

——《星云大师讲演集·什么是禅》

15

禅，是悟的，不是学的。知识可以学，禅无法学。禅，也不是依样画葫芦，而是完全“以己心去接师心”。莫以为自古禅僧举止怪异、言谈奇特，其实，怪异中有真实，奇特中有常理。若非禅僧，只要一开口，行家面前就知有没有。禅悟不是装的，禅悟是从自然中流露的。

——《星云禅话·寻羚羊》

16

禅是很单纯的东西，单纯到无言、无念、无门、无心。不需透过语言沟通，而是要“心心相印”的。

——《开示》

17

禅是明心见性，是直下承担自己的家业，将本来属于自己的家业发扬起来，不再做“怀珠的乞丐”“长者的穷子”。

——《开示》

18

禅，是幽默，是大自然，是我们的心，是我们的本来面目。

——《星云日记》

19

禅，是个神妙的东西，一旦在生活中发挥功用，则活泼自然，不受欲念牵累，随时随处充满着生命力。禅能转迷为悟，转邪为正，转小为大，转苦为乐，正可以扭转现代人生活的萎靡。

——《人间佛教系列·禅学与净土·谈禅》

20

禅，是人生的润滑剂，透过游言戏行，能使生活现出一片幽默的风光。

——《人间佛教系列·禅学与净土·从风趣洒脱谈禅宗的人物》

21

禅，是从琐碎的事事物物中，以整个身心去参透宇宙的无限奥妙，是化伟大于平凡、化高深于平淡的修持。

——《人间佛教系列·宗教与体验·从佛教各宗各派说到各种修持方法》

22

禅，是包容一切的。禅不是隐居深山老和尚的专利，禅是儒、释、道三教九流社会大众每一个人都需要的。

——《人间佛教系列·禅学与净土·从教学守道谈禅宗的特色》

23

禅，是一种欢喜自在。即便菜根豆芽，都是香的；山林树下、木板地席，也都能睡得安然自在。同样是吃饭睡觉，有禅没有禅，味道就是不一样。

——《人间佛教系列·禅学与净土·从教学守道谈禅宗的特色》

24

禅是不按牌理出牌的一种超越人生思想的境界。禅不是哲学、辩论，禅也不是一种思维、探讨。禅是透过悟道，对宇宙人生有另外的一种看法，另外的一种安排。

——《人间万事·禅心》

25

禅是无你、无我、无圣、无凡，更没有贵贱的差别。

——《人间佛教系列·禅学与净土·从风趣洒脱谈禅宗的人物》

26

禅，虽是每一个人（所有众生）的心，但是，禅是如来首先发现，继而历代祖师相继发扬。虽然“千年暗室，一灯即明”，但凡夫众生至今还在找寻自己心中的灯光。

——《普门学报·中国佛教阶段性的发展刍议》

27

禅，就是自我的教育。眼睛一闭，看心，去找自己的本来面目。有摸到自己鼻孔的感觉，有回到家乡的另一番诗情画意，那就是有人间禅味了。

——《开示》

28

禅不是只在蒲团上打坐，不是所谓的“老僧入定”才叫作参禅。生活作务中，举凡搬柴运水、劳动服务，当下就是禅。能够从劳动服务里，把工作的巧妙做出来，把工作的意义体会出来，把工作的欢喜展现出来，这就是禅。

——《星云法语·何谓禅》

29

禅，就是我们自己，就是我们的心，是人生的放旷，是生活的幽默，是一种直觉、一片定慧。禅不在多言，不在世俗文教经典中，没有你我凡圣的差别，禅就是一种光芒、一片灵犀。

——《人间佛教系列·禅学与净土·从风趣洒脱谈禅宗的人物》

30

禅，就是如实面对现实的生活。要工作，要苦心志、劳筋骨，要在生活里面植根，再慢慢地升华，渐渐地扩大。心灵可以高上万丈青天，脚却要踏着实地，这才是禅的主要内容。

——《人间佛教系列·禅学与净土·从衣食住行谈禅宗的生活》

31

禅，有时空的普遍性；禅，有人生的平等性；禅，有智慧的幽默性；禅，有尊严的规范性。

——《禅话禅画·序》

32

禅，人人本具。禅心如宝藏，要好好开发。参禅不是要你成佛，而是要你开悟。悟道后的人间，山水才是真正的山水，花木才是真正的花木，人生才是真正的人生。

——《开示》

33

禅，没有时代的隔阂。只要有人生活在世间，禅就会一直被发现、被体悟，因为禅就是我们的生活，一种完全回归宇宙自然的生活。

——《开示》

34

禅，充塞于宇宙之间。禅就是生活，生活就是禅。日常茶饭、如厕沐浴，无一不是般若和禅定的风光。

——《人间佛教系列·宗教与体验·从佛教各宗各派说到各种修持方法》

丰一吟　绘

星云语录

禅，人人本具。禅心如宝藏，要好好开发。参禅不是要你成佛，而是要你开悟。悟道后的人间，山水才是真正的山水，花木才是真正的花木，人生才是真正的人生。

35

禅，在丛林生活中，尤其注重因材施教的启发教育，让所有的顺逆之境，都可以是开悟的因缘法门。

——《人间佛教系列·佛学与求法·丛林的教育法》

36

“偶来松树下，高枕石头眠。山中无历日，寒尽不知年。”[②]“溪声尽是广长舌，山色无非清净身。”随地觅取，都是禅。一般人误以为禅机奥秘，深不可测，高不可攀，这是门外看禅的感觉。其实，禅本来就是自家风光，不假外求，自然中到处充斥，俯拾即得。

——《星云大师讲演集·什么是禅》

37

禅非坐卧、非言说、非文字。禅，穷诸内心，心地一明，大地山河，森罗万象，都在我心中。

——《六祖坛经讲话·坐禅品》

38

禅是不能说的，但又不能不说。禅宗重视传灯，重视师传。所谓师传、传灯，有时需要以信物做凭据，有时又需要用言语来印证，但是禅师们往往只用三言两语，就可以道破千古谜底。一般世间上的学问知识，是从分别知见上去了解的，而禅宗所追求的，是一种超越的境界，是从无分别的内证去直接证悟的。

——《星云大师讲演集·从六祖坛经到禅宗教学的特质》

39

禅不是刻板，不是呆坐，禅更不是墨守成规。禅是活泼，是幽默，是方便，是灵巧；有方便、有灵巧才是禅。过去古代的禅师大德，他们扬眉瞬目、举手投足都是禅，甚至一言一行、一思一想无非中道，一草一木、一沙一石无非禅心。所以只要我们有了禅心，再看世界、看自然、看万象，一切都充满了禅机，充满了妙趣。

——《星云法语·何谓禅》

40

禅是言语道断，禅是不可说的，禅是教外别传，禅是直指人心，见性成佛，以心印心，离开言说。

——《星云大师讲演集·从六祖坛经到禅宗教学的特质》

41

禅，不可以用语言文字道尽。说破了，就不是禅，而是糟粕、是知解。

——《星云大师讲演集·生命升华的世界》

42

禅，不限任何形式。有了禅，可以让我们认识般若本性；有了禅，可以将我们带入更高的境界。

——《禅话禅画·序》

43

禅，不是知识，是悟性；禅，不是巧辩，是灵慧。不要以为禅师们总是机锋锐利，有时沉默不语，同样有震耳欲聋的法音。

——《星云禅话·像牛粪》

44

禅，不只是打坐、闭目，禅是无所不在的。有时，禅师的行径看似离禅很远，不是禅法，甚至打骂棒喝，虽然奇形怪状，却能把禅的味道显露出来。

——《星云大师讲演集·从风趣洒脱谈禅宗的人物》

45

禅不立文字，也不一定靠别人传授，完全是自悟自修、心领意会。参禅也没有什么诀窍，只要“春天月夜一声蛙，撞破乾坤共一家”[③]，钟板一声，坐脱身心，精神升华，因缘成熟，那就自然明心见性了。

——《开示》

46

禅不是佛教专有，也不是佛陀所创造；禅是佛陀发现的，是每一个人都有的。说穿了，禅就是人间佛教。

——《开示》

47

禅，不是口上说，不是心里思，不是意中想，而是这一切的完全放下。

——《人间佛教系列·禅学与净土·谈禅》

48

禅不是少数人的，禅是人间的。佛陀在灵山会上，把禅法传给了大迦叶，把禅心交给了每一个众生。

——《人间佛教系列·禅学与净土·禅与现代人的生活》

49

禅，不是卖弄，而是自在自如。如果能游心禅海之中，人生便处处是转机，时时含妙意。

——《人间佛教系列·禅学与净土·从风趣洒脱谈禅宗的人物》

50

禅，如山中的清泉，可以洗涤我们心灵上的尘埃；如天上的白云，可以让我们悠游法界，任性逍遥。

——《星云大师讲演集·什么是禅》

51

禅，好比一朵花，为生命增色彩；禅，好像一撮盐，为世间添滋味；禅，似一幅画，能美化环境；禅，如一滴水，能滋润身心。

——《禅话禅画·序》

52

禅，有如空山寂静，唐朝诗人王维《鹿柴》诗云："空山不见人，但闻人语响。返景入深林，复照青苔上。"禅就像这样，空山寂静，好像大地不存在了，树木花草，却蕴含无限生机。不见一人，但听而不听，不听而听；声而无声，无声而声。"大音希声"却充塞其中，那就是禅。

——《星云法语·禅的譬喻》

53

禅，有如山泉清流，浑然天成，不假造作；自然而流，不带勉强。你看，淙淙清泉，于山穷水尽处，它百转千折，随缘安然，任运逍遥；它澄澈见底，甘纯清净，可以涤人俗虑。

——《星云法语·禅的譬喻》

54

禅，有如圆月光明。禅如天上圆月，光明却不露锋芒，柔和却不矫情。它遍照山河，没有偏私；它展现圆满，没有隐藏。

——《星云法语·禅的譬喻》

55

禅，有如银雪洁白。雪，富有晶莹的特性；雪，给人洁净的感觉。禅，就像银白的雪一样清净，没有杂染；禅就是这样，没有歪曲，没有化妆，没有掩饰。

——《星云法语·禅的譬喻》

56

禅，有如山谷清泉，流向人心深处，洗净纠结不清的意识分别，化解顽劣束缚的迷情妄执，带给生命一股清凉自在。

——《星云说偈》

57

禅的名称很多：

（1）凡夫禅：一般凡夫为了锻炼身体，为了澄心静虑，每天打坐十分钟、二十分钟，这叫凡夫禅。

（2）小乘禅：怀抱出世的思想，但求自己解脱生死，以此小乘心态参禅，叫作小乘禅。

（3）大乘禅：以救度众生的菩提心参禅，故能与佛道相应，为大乘禅。

（4）祖师禅：特别是指禅宗初祖菩提达摩传来，至六祖惠能以下五家七宗之禅。主张教外别传，不立文字，不依言语，直接由师父传给弟子，祖祖相传，以心印心，见性成佛，故称祖师禅。

（5）生活禅：六祖惠能大师主张，禅乃“识自本心，见自本性”，禅宗诸祖亦强调“搬柴运水，无非是禅”。禅，不离生活，这就是生活禅。

（6）鹦鹉禅：自己不懂禅法，也没有真参实学，只是学会了几句禅的术语，便如鹦鹉学人讲话般到处炫耀，这是鹦鹉禅。

（7）三关禅：指禅宗将参禅证悟境界，分为三关，即破本参、破重关、破牢关④。

（8）老婆禅：在禅宗的公案里，有的禅师老婆心切，叮咛嘱咐，一而再，再而三，拖泥带水，不能干净利落，称为老婆禅。

（9）文字禅：有的人参禅，不是从心地上用功夫，而是著书立说，透过文字三昧，从文字里慢慢体会禅的意境，是为文字禅。

（10）止观禅：指系心于所缘境，继而运用正觉智观察、思维的止观双修禅法。

（11）野狐禅：一个禅者为了一句“不落因果”，堕野狐身五百世，后于百丈禅师处得一法语“不昧因果”，因而脱离野狐之身。由此公案，比喻没有见性，迷失本心，名为野狐禅。

（12）棒喝禅：禅门提倡棒喝，一声霹雳，破除黑暗无明，照见真性情。像“马祖振威一喝，百丈耳聋三日”，像黄檗禅师和临济禅师的“道得也三十棒，道不得也三十棒”，从棒喝里透露禅的消息，是为棒喝禅。

（13）一指禅：俱胝禅师遇信徒请示“如何是道？如何是佛？怎么样入佛”，无论什么问题，他只竖起一个手指来回答，这是一指禅。

（14）一味禅：世间百川流归大海，同为咸味；出世间的百千法门，同归方寸。再多的问题，禅的一味就可以调和了。

（15）一味禅：比方来说，你参一个“无”，语默动静，行住坐卧，都是一个“无”。在行住坐卧之间，都不离一个“无”，这就是一味禅。

（16）看话禅：临济宗大慧宗杲禅师所提倡，专就一则古人的话头，提起疑情，牢牢看紧，历久真实参究，以至于悟道的观行方法。例如：“如何是祖师西来意？”“如何是父母未生我之前的本来面目？”“念佛是谁？”“狗子有佛性吗？”这都是有名的话头。

（17）默照禅：宋代曹洞宗的宏智正觉禅师所倡导。默，指沉默专心坐禅；照，以慧鉴照原本清净的灵知心性。默照禅就是在沉默寂静里观照自己。

（18）南宗禅：禅宗五祖弘忍门下分为惠能、神秀两支。惠能弘法于南方，举扬“一超直入如来地”的顿悟禅法，是为南宗禅。

（19）北宗禅：与“南宗禅”相对称。五祖圆寂后，神秀迁至江陵当阳山，力主渐悟之说，其教说盛行于长安、洛阳等北地，故称北宗禅。

（20）如来禅：指佛地的禅定，即入于如来地，证得圣智法乐，为利益众生而示现不思议的广大妙用者，称如来禅。

——《六祖坛经讲话·坐禅品》

58

所谓禅，就如万古长空，一朝风月，没有时间的长短，没有空间的远近，没有人我的是非，因为禅者对时空有普遍性的悟入，所以刹那之中有永恒，一念之中有三千。

——《人间佛教系列·禅学与净土·禅与现代人的生活》

59

所谓禅，平常心是禅，花开花落是禅，人生人死也是禅。把对待泯除，把分别丢弃，不可说有，不可说无。所以禅离语言文字，不假思维、分别，在那个时候，才有一些禅意。

——《人间万事·禅心》

60

禅像什么？有十二种譬喻：

禅如一张薄纸，捣破即空；禅如空手拳头，手松即了；

禅如空中云雾，一扫即空；禅如三冬冰冻，一热速融；

禅如大地黑暗，日出即明；禅如真相不明，一疑即悟；

禅如镜上灰尘，抹净即见；禅如芭蕉中心，剥了即无；

禅如春天花朵，风吹即谢；禅如柴中火星，一拨即熄；
禅如众生妄想，一明即了；禅如无迷无悟，证者了知。

——《六祖坛经讲话·坐禅品》

61

禅，就好像是哑巴吃蜜，甜味点滴在心头，只能体会，不能言传。

——《六祖坛经讲话·坐禅品》

62

禅，就像太阳的热能一样，只要有心，人间到处无不充满了禅机，大自然无一不是禅的妙用。

——《人间佛教系列·禅学与净土·禅与现代人的生活》

63

禅，就像出污泥而不染的莲花，在任何污浊的生活环境里，都能有清净素雅的心田。“悟则三身佛，迷疑万卷经”⑤，有没有禅，差别是很大的。

——《人间佛教系列·禅学与净土·从风趣洒脱谈禅宗的人物》

64

禅的妙用在哪里？在发心当中、在慈悲当中、在生活当中，慢慢体会到："哦！原来是这样啊！""哦！我懂了！"能参出这么一点点消息，那就是禅意了。

——《开示》

65

《金刚经》云："心佛众生，三无差别。"为什么心、佛、众生都没有差别呢？因为有禅，有了禅就可以统一心、佛、众生。

——《普门学报·中国佛教阶段性的发展刍议》

66

禅，沟通了人我的关系，沟通了心物的关系。禅者与禅者之间的接心、印心，处处都说明了禅的人间社会性。

——《人间佛教系列·禅学与净土·禅与现代人的生活》

67

生活在忙碌、紧张、动荡、纷乱的今日社会，必须寻找一股安定我们浮躁心灵的力量。禅，无疑是祛除我们心中焦虑疑惧的力量；禅，是安住我们身心的一剂清凉散。

——《星云禅话·序》

68

生活里，有了禅就有力量。有了禅，人可以随忍随住；有了禅，死生忧乐不能移；有了禅，就等于拥有了宇宙，大千归宿在怀抱，一切风光现眼前。

——《星云大师讲演集·从风趣洒脱谈禅宗的人物》

69

禅，就是要把我们迷妄的人生，跌得粉身碎骨，大死一番、脱胎换骨之后，方能透彻地进入禅的大机大用之中。

——《星云大师讲演集·从佛教各宗各派说到各种修持的方法》

70

禅的世界可以包容天地、彻古通今，在禅修中可以净化身心，可以变化气质。禅的教育在于无言说教、静心思维，从中体现慈悲智慧、感受人我一如。能把禅运用在人间生活中，才不失禅意。

——《开示》

71

禅心，好比花开，散播芬芳；好比月亮，透出光芒。

——《台湾大学讲演·禅门的自觉教育》

72

禅语是不合逻辑的，但它有更高的境界；禅语是不合情理的，但它有更深的含义。

——《星云大师讲演集·什么是禅》

73

空、有都非究竟，禅是非空非有，离形去智，息尽妄缘的。禅要两头俱截断，一剑倚天寒[6]。

——《人间佛教系列·禅学与净土·从教学守道谈禅宗的特色》

74

口头禅是禅学，是禅的学问，不是禅宗，不是禅行。口头禅只是学了一些禅门的术语、禅门的典故，搬来弄去，是没有用的。

——《六祖坛经讲话·坐禅品》

75

禅有如来禅，有祖师禅。其实说来，禅不是如来的禅，也不是祖师的禅，禅是每一个人的心，是吾人共有的宝藏。

——《普门学报·中国佛教阶段性的发展刍议》

76

禅的层次有三：

（1）外道禅：由于对佛学没有很深的认识，一知半解，容易引生邪见、傲慢，这是外道禅的过患。

（2）声闻禅：小乘罗汉以出世的思想放下一切，远离世间，入山修道，闭关参禅，因此也有三种过患：第一，慈悲不够；第二，独善其身；第三，证佛障碍。

（3）菩萨禅：菩萨禅是追求圣法。菩萨发心普济众生，不但不舍弃一法，更不舍弃一个众生。因此，参禅的动机要正，发心要大；参禅的动机不正，就容易有过患。

——《六祖坛经讲话·坐禅品》

77

佛法讲究机缘。禅，就是机缘。你懂得，无时不禅，无处不禅，无人不禅，无事不禅；不懂，即使说得天花乱坠，也与禅无关。

——《星云禅话·一切皆禅》

78

禅门的祖师们，一扬眉、一瞬目，一举一动，都是禅机。禅，指东说西，“怀州的牛吃草，益州的马腹胀”[⑦]，才有禅味。

——《迷悟之间·幽默一下》

79

虽然佛学上最高层次是“无住生心”[⑧]，一般社会大众恐怕不易做到，但仍应先求安心法门，而“禅”就是安心的不二法门。

——《星云禅话·序》

李萧锟　绘

星云语录

其实，许多事不必想得太多。能干的人，可以把复杂的事情单纯化；不能干的人，常常把单纯的事情复杂化。禅就是简单，就是单纯化。所谓人间佛教，也和禅一样，不希望复杂、琐碎、艰深，一切简单自然，就是人间佛教。

80

我们不必疑惑，不必分别，不必拣择，不必把禅定的体和用分开。定是体，禅是用，体用一如，禅定一致，这就是外禅定。

——《六祖坛经讲话·坐禅品》

81

人心的思维很复杂，事情的琐碎也很烦人，不过我们可以化繁就简。有人问禅师："读经典的时候，遇到艰涩不懂的字，怎么办？"禅师回答："查字典就好了。"其实，许多事不必想得太多。能干的人，可以把复杂的事情单纯化；不能干的人，常常把单纯的事情复杂化。禅就是简单，就是单纯化。所谓人间佛教，也和禅一样，不希望复杂、琐碎、艰深，一切简单自然，就是人间佛教。

——《星云法语·如何生活》

82

有禅，就像有花朵，能芬芳香郁；有禅，就像有山水，能美化环境。

有禅，就像调味品，能增加百味；有禅，就像有阳光，能照古鉴今。

有禅，才有人间，可以说，禅心是宇宙人间的本体。

——《佛光菜根谭》

83

人是“有情”的众生，但是有的人情感太热了，只有五分钟热度，不能维持长久；有的人情感太泛滥了，让人受不了。所以，有时候淡泊一点的情感，反而更能持久，甚至越久越香。淡泊的情，就是真性情；淡泊的情，就是禅者心。

——《星云法语·平常之道》

84

禅师的棒喝啐啄，是教禅；

禅者的扬眉瞬目，是论禅；

一日不作一日不食，是参禅；

赵州八十尚犹行脚，是修禅。

——《佛光菜根谭》

【注释】

① 道得也三十棒，道不得也三十棒：《五灯会元》卷七。

② 偶来松树下，高枕石头眠。山中无历日，寒尽不知年：《全唐诗》，太上隐者，《答人》。

③ 春天月夜一声蛙，撞破乾坤共一家：《五灯会元》卷二十。

④ 破本参、破重关、破牢关：禅宗的祖师们多运用三句问题，反复探测学人的境界，称为三关。后人即以三关用为三段证悟的境界，命名为初关（又名本参）、重关、牢关。有些禅门的行人，利根者一悟即三关透彻；有的一次透破二关；普通则继续地参，逐一地破，由此可知三关并非有固

定的阶段，只看各人的根机如何。有的人曾将三关配于教理，即破初关得人空，破重关得法空，破牢关证空空。

⑤ 悟则三身佛，迷疑万卷经：《佛祖历代通载》卷十六。

⑥ 两头俱截断，一剑倚天寒：意指“有”“无”都要去除。

⑦ 怀州的牛吃草，益州的马腹胀：《禅关策进》卷一，大乘山普岩断岸和尚示众：“怀州牛吃禾，益州马腹胀。”

⑧ 无住生心：“无住生心”既非不着意，也并非着意，而是在不住不着中遍生于一切处，遍生出一切法。

自知而不骄慢，自信而不傲人

1

禅，是要我们不住生死，亦不住涅槃。说到不住生死，是要我们以般若的智慧来超越轮回生死；所谓不住涅槃，是叫我们以慈悲心来服务人间，用人间佛教救度众生。

——《佛光教科书·实用佛教·佛教的参禅须知》

2

禅，就是要你直下承担。直下承担“我是佛”，承认自己有佛心，就不会跟人计较、嫉妒，许多恶习就能消除，就能重新改造自己。

——《佛光教科书·实用佛教·佛教徒的生涯规划》

3

禅是一种“舍”，舍掉自己的分别执着，舍掉自己的贪爱束缚。舍是将欢喜给人，将希望给人，甚至自己最喜欢的东西，都能舍得给人。金碧峰禅师舍去对玉钵的贪爱，而免遭无常鬼[①]的追捕。所以，能舍的人，才能获得自在解脱。

——《星云法语·四心妙用》

4

真正的禅，是一种奉献，是一种喜舍，是扩大自己，悲悯众生。我们的社会如果有禅，不但可以改善我们的生活质量，升华我们的人格，而且可以提高国家的道德水平。

——《星云大师讲演集·从衣食住行谈禅宗的生活》

5

人间需要禅，时代需要禅，要想求得生命升华的人，更需要禅。只有禅，才能医治功利、物质主义的时代病；只有禅，才能根除相对、二元世界观的谬见；只有禅，才能帮助人类寻得失落的自我，找回失去已久的精神家园。

——《佛光教科书·佛教的真理·禅学》

6

淡泊可以使人宁静，宁静也可以使人淡泊。当我们懂得淡泊的生活，那才真正拥有了人生；当一个人能够享受宁静的时刻，才能知道生活的情趣。我们如果淡泊生活，则没有人嫉妒；能宁静过日子，则没有人讨厌。所以淡泊宁静，才能通达人生的意义，才能有秩序、有条理地安住身心。所谓“弱水三千，只取一瓢饮”②，尽管五光十色的世间，有着五欲六尘的诱惑，都能自觉心安，有此涵养，不就是最美的人生禅境吗？

——《星云法语·涵养之道》

7

参禅有什么用？禅就是开悟，只要一开悟，生死的边缘没有生死，寒暑的时候没有冷热，荣辱的当头感觉平常，生活中处处都有禅悦法喜，这就是禅者的自在解脱。

——《人间万事·禅心》

8

禅能够让我们从烦恼里解脱，从生死里超越。所谓“世事纷纷如电闪，悲欢离合多劳虑”③，人活在滚滚红尘里，难免要面对种种人事、身心上的纷扰折磨。一个参禅者，为了勘破无明、成就道业，必须经得起烦恼的烈火焚烧与人事的千锤百炼，才能在思想上、观念上大死一番，这就是人间行者了。

——《星云法语·禅的修行》

9

在禅的生活里，不要天天希望别人给你快乐，也不要希望从物质感官里满足快乐的享受，因为这都是短暂的。禅，能开发自己内心的本源，才会享有真正的快乐。看得开，凡事往好处想；我不贪欲，我能享有世界，不就能自得其乐了吗？

——《星云法语·乐之源》

10

禅，启发了凡人的内在，观人、观事、观物、观境、观理、观心都要自在。所谓观自在菩萨，能“观自在”，就能度一切苦厄。

——《对禅堂禅学僧开示》

11

只有禅，才能“转”生活的痛苦为快乐，“化”忧郁为喜悦；只有禅，才能“转”生命的烦恼为菩提，“化”生死为涅槃。

——《星云禅话》

12

禅运用到生活上，不但可以提高生活的艺术，扩展胸襟，充实生命，并且可以使人格升华，道德完成，到达“于生死岸头得大自在”的境界。

——《人间佛教系列·禅学与净土·谈禅》

13

禅，不是供我们谈论研究的；禅，是改善我们生活的。有了禅，就能过着“富有大千”的生活。

——《人间佛教系列·禅学与净土·谈禅》

14

只要有禅，就没有悲苦，就没有怨恨，禅是幸福安乐的根本。

——《开示》

15

（改掉）计较、嫉妒，许多恶习就能消除，就能重新改造自己。

——《佛光教科书·实用佛教·佛教徒的生涯规划》

16

经云“心如冤家身受苦”，经典里把念头当作盗贼、恶马、恶象等，必须调伏。因此，有的人到深山里苦修，有的人在关房里苦学，各种的修行法门，无非都是为了对治心中之一念也。

——《迷悟之间·念力增上》

17

心，是宇宙；心，是虚空。世间上，任何东西都包含在虚空里，虚空没有嫌弃渺小，所以虚空很大。俗语说：“气度盖人，方能容人；气度盖世，方能容世；气度盖天地，方能容天地。”我们能够包容异己的言论、包容不同的国家、包容不同种族的人，才能扩大自己的心胸。一个人有开阔的人生观，必能开展涵容天地的成就，所以“包容一致”的心叫作禅心。

——《对禅堂禅学僧开示》

18

心是生死的根本，心也是成佛作祖的力量。心，人人本具，个个不无，随我们五趣流转、六道轮回④、天上人间到处来去，上天堂也是这颗心，下地狱也是这颗心。所以，参禅修道，主要就是把我们恶心换成善心，把坏心换成好心，把假心换成真心，把非心换成是心，把染心换成净心，把小心换成大心，把恨心换成爱心，把愚痴心换成智慧心。

——《六祖坛经讲话·坐禅品》

19

有了禅心，就能随遇而安。有也好、无也好、多也好、少也好、大也好、小也好。有了禅心，就不会斤斤计较世间上的五欲尘劳、人我权位。因此，习禅的人要把“禅性”提炼出来，才能在人间悠游自在！

——《对禅堂禅学僧开示》

20

我们对父母孝顺，这是天经地义的孝心；对儿女的关心，也是理所当然的慈心。但是，我们要更扩大对一切有情的爱，能以孝顺父母、慈爱儿女的心，来关心天下的一切众生，如此对众生的付出自然毫不悭吝，毫不计较。以众生之乐为乐、以众生之苦为苦，如此不但长养心量，更扩大慈悲心。所以，“普利一切”的心叫作禅心。

——《星云法语·何谓禅心》

21

我们的心好比工厂，能够制造各种东西，有清净的，也有污浊的。求道就是要把这颗原来具有真如佛性的心，扫除表面的尘垢，恢复“一点通”的“灵犀”，还给它光明的本来面目。好比拨去浮云的明月，重现灵明。当我们的心清净无染时，就能够像月亮一样，如实地观照事物的实相，这就是惠能大师所说的：“何其自性，本自具足……何其自性，能生万法”的真心佛性。

——《人间佛教系列·学佛与求法·我们求法应有的认识》

22

篮球拍得愈用力，跳得愈高；风雨愈大，激起的浪花也愈高。人要接受逆境，把它当作人生的考试卷。不怕逆境，不怕试题，就能愈挫愈勇，因为我们心中早有准备，这就是人间佛教禅心的大用。

——《星云法语·生命的助力》

23

每个人在世间生活，无不希望现在与未来都能无忧、无怖。不管是像“热，到热的地方去；冷，到冷的地方去”的快活烈汉，或者像“山高水长，柳绿花红；日照则温，风吹则凉”的温厚仁者，能获得禅心，世间的生活，才能真正到达至真、至善、至美的境界。

——《星云法语·世间生活》

24

一个人有禅定的修养、禅定的功夫，他的心很宁静，不会因为别人的一句话、一件事而起伏、动乱，不会轻易受到影响。所以，静心的人，恩也好、怨也好、善也好、恶也好，都不能乱其神，不为外境左右，这就是静心的功夫。

——《星云法语·德者的心志》

25

禅宗讲究“明心见性”，更有“此心不明，如丧考妣”的省思，所以多数参禅的人，都在心地上耕耘，务期找到自己的本来面目。无根禅师出生入死，进火盆、入水里、钻泥土，就是要找个“我”，我们有几个人想要明白自己呢？常常怨怪别人不了解我，可是自己又何尝了解自己呢？所以说，人生最大的悲哀是无知，此心不明，真是可惜。

——《星云法语·人生四惜》

26

无论城乡或地方，要有发展，才有繁荣的未来；不管企业或组织，也要开展，才有进步的空间。禅门修道，无不追求心地明朗，顿开疑惑。一般人的生活，除了吃饭、睡觉、工作、休闲，内心也要开展，如此，人间的生活，才能更有内容、更有品位、更有希望。

——《星云法语·生活的开展》

27

《禅林宝训》有一句话：“妪之姁之，春夏所以生育也；霜之雪之，秋冬所以成熟也。”生活上的一些不如意，其实都是成熟我们的身心。南泉普愿禅师曾经以采樵为业，隐峰禅师也曾以推车度众，他们开悟成熟后，都成为一代法将。因此，只要能经过春风夏雨，也能经过秋霜冬雪，如此，必能做苍松翠柏，与万年时空争个长短。

——《星云法语·生命的助力》

28

所谓“佛在灵山莫远求，灵山只在汝心头；人人有个灵山塔，好向灵山塔下修”⑤。我们本具的真如佛性，长期以来因为受到五欲六尘、声色犬马的染污而迷失。所以，修行的人为了找到真心，有的人花数十年时间，在佛经里探讨；有的人穷一生岁月，在佛号里寻找。有的用礼拜，希望能认识自己的本来面目；有的从禅坐中反观自性，希望有一天能得到一点消息。不管运用任何方法，唯有找到内心的自性佛，才能认识自己。

——《星云法语·找回自心》

29

修学“心的管理”这门学科，不能完全依靠别人，必得依靠自己。把自己的真心、慧心、慈心、信心、定心、忠心等提升起来，然后由这许多的善心、好心，来管理自己、管理环境、管理事物、管理团体。平日我们参禅念佛、早晚反省、喜舍行善、克己利他，都是为了把心管好，不如此，又如何能修满“心的管理”这门学科的学分呢？

——《迷悟之间·心的管理》

30

园丁认知时令冷暖，才有花红柳绿；哲人认知时序起落，才明阴晴圆缺；为政者要认知民心，才能获得肯定；参禅者要认知自心，才能悟道明白。

——《星云法语·认知世间》

31

我们每一个人，都有真心本性。所谓真心本性这个“性”，通俗地说，就是一种“能”。有道的人，性能很好，能忙能闲、能有能无、能进能退、能大能小、能早能晚、能前能后、能饱能饿、能冷能热、能动能静、能荣能辱，这就是万能。我们若能把自己的本性体悟出来，即可说是无所不能了。

——《对禅堂禅学僧开示》

32

吾人由于智慧不足，观察力不够，对万花筒里的人生，常常看得意乱情迷，随波逐流，看不到一个真实的面目，所以佛陀叫我们要看“心”，不必随着万花筒眼花缭乱，应随着真心自性，活出一个真实的人生来，此即所谓“返璞归真”，才能找到自己真实的人生。

——《迷悟之间·万花筒》

33

有道是：金角落、银角落，不及自家的穷角落。不识本心，学法无益；不识真性，与道日远。学禅，是要大家自我肯定，肯定自心本无一物，不以物喜，不以己悲，洒脱淡泊，自在无碍，把自己的生命走出一片坦荡晴空。

——《人间佛教系列·禅学与净土·从教学守道谈禅宗的特色》

34

自制，就是自我克制，因为自己的本性中，多少的冲动无明；

自己的心性里，多少的贪嗔痴，所以要自制。有了自制力，才能降伏其心；有了自制力，才能回归本性。自制是要求自己性格上的节制，自制不是要求别人如何改变。禅门里的“照顾自己”“照顾脚下”“观照自心”“看清念头”，都是自制。

——《迷悟之间·自制的力量》

35

国家有国家的工程，大众有大众的工程，我们每个人的身体就是一个工程。每日三餐注意营养、分量，要把身体的健康工程维护好；每天运动、甩手、走路、呼吸，也是为了维护好身体各部分的工程。甚至早晚的反省、平时的修身、禅堂里的打坐、佛殿里的礼拜，都是希望吾人身心的工程能够健康。

——《迷悟之间·希望工程》

36

你不往心觅，向外攀缘，只是徒增分别妄想、起惑造业，终究与“道”渐行渐远，无有归期。唯有明心见性，才能使我们在滔滔红尘中，找回本来清净的面目，不再流浪生死。

——《佛教丛书·教理·明心见性》

37

只要我们识自本心，不再妄求佛祖赐给我们消灾免难，那么就能够自我醒觉、自我皈依，从凡夫贪、嗔、痴、慢、疑之性，逐渐地开发菩萨慈、悲、喜、舍的无量方便。

——《六祖坛经讲话·前言》

38

今日的社会人心，充斥着不少病态，如紧张、功利、自私、狭猛、执着、暴力等，急需禅者安详、放下、大公、宽广、空无、慈悲的良方来对治。有了禅，生活就能自然、洒脱、自在，就不会紧张、执着、自私、烦恼。所以有人说：“若将禅心过生活，何愁烦恼不能了？”

——《六祖坛经讲话·般若品》

39

学佛法要真正地为佛法而来，为悟道而来，为远离烦恼而来，为了生脱死而来，只要发心正，立愿广，所求的佛法自然能圆满成就。

——《六祖坛经讲话·行由品》

40

学佛修行，千般辛苦，万般艰难，希望的是什么？就是认识自己，就是证悟自己的自性。能够认识自己的实性，也就能认识自己的本来面目。

——《六祖坛经讲话·护法品》

李萧锟　绘

星云语录

今日的社会人心，充斥着不少病态，如紧张、功利、自私、狭猛、执着、暴力等，急需禅者安详、放下、大公、宽广、空无、慈悲的良方来对治。有了禅，生活就能自然、洒脱、自在，就不会紧张、执着、自私、烦恼。

41

修行不是逃避世间，而是在世间的五欲[⑥]六尘[⑦]里，能不畏惧，不被五欲六尘左右，因为在生死尘劳里，才有真如涅槃可证。

——《六祖坛经讲话·坐禅品》

42

参禅，主要是要把禅活用起来。在我们的生活里，如果能把禅活用，那就是我们的灵巧，我们的智慧。

——《六祖坛经讲话·坐禅品》

43

参禅学佛是断烦恼，了生死，离苦得乐。如果能明心见性，则烦恼不断而自断，生死不了而自了，众苦不灭而自灭，诸乐不求而自得。

——《佛教丛书·教理·真实的自我》

44

参禅学道、修心，是我们第一要紧事。红尘得失、人事是非，只不过是人生舞台上旋生旋灭的角色而已。所谓人生如戏，任舞台上如何富贵显赫，如何出将入相，一旦“顷刻一声锣鼓歇”，还有什么是非、恩怨？一场悲欢交缠戏码转眼成空时，自己又在哪里呢？所以，人最要紧的是认识自己无始劫以来的真面目。

——《星云说偈》

45

禅门有两句话："未曾悟道如丧考妣，已经悟道如丧考妣"，大事未明，还未开悟时，混沌迷茫过日子，好像死了父母一样；已经悟道后，四大皆空，人生不沾不滞，也宛如死了父母一样。这是慨叹自己多生多劫在五趣六道流浪，沉沦生死，至今才认识自己，自然感触良深。学禅者如果不参透生命的本源，不思见死亡的真相，那真是一声号角一声悲。

——《星云说偈》

46

悟，透过禅定可以体验；悟，是参禅入定的真正目的。因为悟，可以领略到时间的永恒，可以体会出空间的无边。悟，在人我里完全生佛平等，在时空里完全法界一如。

——《人间佛教系列·禅学与净土·禅与现代人的生活》

47

世间上，多少麻烦，多少是非，都是由于不认识自己而起。"自古上贤犹不识，造次凡流岂可明"，古来那些成圣成贤的人，都还不能认识自己，何况是我们这些芸芸众生的凡夫，哪里会明白呢？我们对佛道若不去研习、自修，真理就永难明白，不明理、不精进，就不会修行，不修行当然就更不会明白自己了。

——《星云说偈》

48

有人问："如何才能见到本来面目？"这个问题应该问自己，不要问别人。别人拥有的是别人的，自己的本来面目要自己去寻找。

——《对禅堂禅学僧开示》

49

诸佛菩萨不需要我们的恭敬礼拜，而是借由礼拜，让我们认识自己的永恒生命。在一起一拜之间，升华自性，扩大生命。借由关闭诸根之妄动，摄持心念于专一，方能体会无量无边禅的世界，展现"自我是佛"的升华。

——《星云法语·找到自己》

50

禅要"不分别"，但"不分别"并不是要我们完全没有是非好坏的观念，而是要我们用无分别心，用平等的观念来看待世间的差别对待。

——《六祖坛经讲话·坐禅品》

51

禅门不在于教人参禅成佛，而是要人参禅开悟；不要求证得果位，而是要解脱自在。

——《迷悟之间・开悟》

52

自家宝藏，即是佛性，大家要寻找的，只是看清这个事实而已。一旦亲自“看见”，再也没有疑惑了，那就是“佛性”，并不是另外有一个叫作“佛性”的东西可以找来填充自己。

——《佛教丛书・宗派・禅宗》

53

许多人内心蕴藏着无限宝藏，却不知道精进、奋发、向上，不向内心探索开采，只在心外求法，期望别人帮助开示。自家两亩田不耕耘，却去替别人一亩田帮佣。点滴工资，哪有自家收获多？真是白费功夫。心外无法，真正认识自己的佛心法海才是最重要的。

——《星云说偈》

54

只要我们能开启佛性，自能处苦不以为苦，处乐不以为乐，难行能行，难忍能忍，即使劫火来临，也不能动摇我们的悲心愿力。

——《佛教丛书·教理·真实的自我》

55

现代人常说“寻根”，要认祖归宗，要划清籍贯。其实真正的“根”，是我们内在本具的佛心佛性。

——《佛教丛书·教理·明心见性》

56

现代人常说要“返乡探亲”。其实，我们离开自性的“家乡”太久了，再怎么努力记忆，也记不清了。一日不知自家面目，一日不能解脱生死，所以我们要赶快找到自己的根源，找到自己的故乡，一旦无常到来，才有个千秋万世的归宿。

——《星云说偈》

57

什么是“本分事”？是明心见性的事，是了脱生死的事，是回到本家的事。本分事，是认清本性、安住身心、慈悲忍耐、发心作务的禅风。我们能将做人的本分做好，将事做好，是自己的，不去推辞，不是自己的，不去妄求，那就是本分事，也就是禅心了。

——《星云禅话·不愧为侍者》

58

究竟的解脱，是超越入世与出世，使精神与物质两相兼益，使生活与修行相得益彰，使我们在任何时间、地点，都能够逍遥自在的一种意境。

——《六祖坛经讲话·行由品》

59

胜义的解脱是入世而出世，出世而入世的解脱。它是最圆融、完满的境界，只有在生活中体证才能成就，非言语思辨所能道尽。如黄檗禅师所云："终日不离一切事，不被诸境惑，方名自在人。"⑧

——《六祖坛经讲话·行由品》

60

一个解脱者，有自受用的生活，也有他受用的生活。因为解脱了，自有道德与修养，如同桂花的幽香，能够影响到周遭的每一个人。解脱的人，赞美超越的生活，显露芬芳的气质，自知而不骄慢，自信而不傲人。

——《星云法语·生活的解脱》

61

有人问"云水三千"是什么意思？其实，说的就是一个解脱者的生活，它像天上的白云飘来又飘走，又像地下的河水流去又流来。出家人行脚就是云水。云水到哪里去？三千大千世界。所以，云水就是“行佛”，这也就是人间佛教的行禅。

——《星云法语·生活的解脱》

62

赵州八十犹行脚，是为了寻找美的境界、美的道理；达摩面壁九年，也是为了找寻心内之美。有的禅师悟道了，有鸟雀献果、狮虎朝拜，都是因为获得生活之美，故而万物皆来相聚共享。

——《迷悟之间·生活的美学》

63

戒不可不持，戒不持则人天路绝；

行不可不修，行不修则功德不圆；

经不可不读，经不读则理路不明；

禅不可不参，禅不参则心地不透；

道不可不悟，道不悟则触目成滞。

——《佛光菜根谭》

【注释】

① 无常鬼：指死亡的来到。

② 弱水三千，只取一瓢饮：《红楼梦》第九十一回：“任凭弱水三千，

我只取一瓢饮。”

③ 世事纷纷如电闪，悲欢离合多劳虑：“世事纷纷如电闪”出自明代罗状元（名洪先，出家后法号念庵）的《醒世诗》。“悲欢离合多劳虑”出自顺治帝的《出家偈二》。

④ 五趣流转、六道轮回：人的生命，如果不脱离轮回，只有在五趣六道里流转。所谓“五趣”，就是天、人、畜生、饿鬼、地狱；外加一个“阿修罗”，就是“六道”。

⑤ 佛在灵山莫远求，灵山只在汝心头。人人有个灵山塔，好向灵山塔下修：《销释金刚经科仪会要注解》卷二。

⑥ 五欲：指财、色、名、食、睡五种欲望。

⑦ 六尘：指色尘、声尘、香尘、味尘、触尘、法尘六境。

⑧ 终日不离一切事，不被诸境惑，方名自在人：《黄檗山断际禅师传心法要》。

留一点空间，给自己转身

1

禅注重自身的实地参究，禅要提起疑情，好比撞钟，用力越大，回声越响。当我们对生命本质的疑问越深时，所得到的答案将越真实。

——《人间佛教系列·禅学与净土·生命升华的世界》

2

禅，是不能向外寻求的，“本无形迹可寻求，云树苍苍烟霞深”，要找也找不到。三界唯心，万法唯识，我们自己的生命真谛，要在自己的方寸之间寻求。

——《人间佛教系列·禅学与净土·从衣食住行谈禅宗的生活》

3

禅是要用心去体会的，语言文字不易阐述；“悟”是非思、非想、非言、非语，不必解释的当然道理。“禅悟”是一体两面，很多人关心“禅”，忽略“悟”，所以都不是真正懂得禅。禅，只是心，只是悟，只是朗朗乾坤，一朝风月。

——《星云日记》

4

禅，是传佛心印。禅师用“定”与“文字”，来开启我们的智慧。只要深入，化解文字的艰深，以其为标月指，就可以通古达今，得到自我安顿的功夫。

——《星云日记》

5

禅要自然，早也如此，晚也如此，内也如此，外也如此，任何时候都是本来面目。

——《六祖坛经讲话·坐禅品》

6

就算我们每一个人都是聋子、瞎子、哑巴，只要有心就好，因为禅在心里，禅不是用眼、口、耳来学的。

——《六祖坛经讲话·坐禅品》

7

禅不是离开生活，不是闭关到深山里自我了断，而是在语默动静中修道，在生活上自然表现出平常心。不起分别妄想，衣食住行里面就有禅。

——《人间佛教系列·禅学与净土·从衣食住行谈禅宗的生活》

8

印光大师自称“常惭愧僧”，禅门的修行者，自称“苦恼僧”。能知惭愧，能知苦恼，禅就慢慢生起了。“惭愧”“苦恼”，是人间佛教高洁的禅心。

——《对禅堂禅学僧开示》

9

很多人希望礼请大和尚、大禅师来指导。即使来了，禅心还是他的，不是你的！所谓“解铃还须系铃人”[①]，如何将自己的禅心发掘出来，才是重要。

——《对禅堂禅学僧开示》

10

要深信因果、要严持戒律、要坚固信心、要决定行门，这四点，在参禅用功办道之前，一定要把它熟练，少一分都不够。这都是一种心理建设的功夫。心里有了建设，才有力量，才能承担大法。

——《六祖坛经讲话·咐嘱品》

11

每一个人一日当中，要有多次的感动；自己也要有一些语言、发心给人感动。相互的感动，那就是禅心。

——《禅门的自觉教育》

12

初参的人应该知道什么？我怎样把腿子盘好，我如何安住在禅堂，我如何感到心里轻安愉快，我如何随缘和大众作息，我如何提起正念，我如何发心，我如何找寻自己，我如何安顿自己，这才是本分事。

——《对禅堂禅学僧开示》

13

世间事，不是一味执着就能进步的，读死书而不活用，不能获益。留一点空间，给自己转身；余一些时间，给自己思考。不急不缓，不紧不松，那就是参禅入道之门了。

——《星云禅话·不留平常心》

14

悟，虽只一刻，但要能历经长期的修持。修道者要能经得起时间的考验，凡事耐烦，这才是参禅学者应修的第一课。

——《星云禅话·第一课》

15

要入禅门，必须先提起疑情，然后用心去参。疑情不破，要如临深渊，如履薄冰。毫厘失念，一切结果就不是那么一回事。故先提起疑情，再破疑情，就能彻悟禅的真谛了。

——《人间佛教系列·禅学与净土·谈禅》

16

禅门所谓“参”，就是逆向思考，不但是逆向思考，而且是全面的思考。逆向思考就是事理圆融，逆向思考就是把正面、负面调和起来，理事无碍。

——《迷悟之间·逆向思考》

17

禅堂，等于另外一个世界，不能把人我是非、名利杂染的心带进来。禅者不能好名、好利、好攀缘、好虚荣。把名利丢开，只讲道、只讲禅，才能体会到人间的禅味。

——《对禅堂禅学僧开示》

18

在禅堂里打坐，就是观照自己，照顾脚下。眼睛闭起来，不看人，只管看心。

——《对禅堂禅学僧开示》

李萧锟 绘

星云语录

世间事，不是一味执着就能进步的，读死书而不活用，不能获益。留一点空间，给自己转身；余一些时间，给自己思考。不急不缓，不紧不松，那就是参禅入道之门了。

19

我们带着什么东西到禅堂？倘若带着妄想、烦恼、杂乱、不清净的念头进入禅堂，是无法体会禅的，所谓“净念投于乱心，乱心不得不净”[②]，唯有以清净心，才能在禅堂参出一个究竟来。

——《对禅堂禅学僧开示》

20

在禅堂里，不是训练别人，是训练我们自己能逆来顺受。面临风雨，我心宁静；面临动乱，我心安然。我心就是道场，我心就是佛国。道场、佛国，自有自在安详。

——《对禅堂禅学僧开示》

21

在禅堂里没有闲话，你东家人把西家事露泄，搬弄是非，自己不照顾自己人，反而引出是非纷争，落得别人笑话！参禅学道的人，要紧的是把自家的事管好，要自尊、自重地把佛性照顾好。

——《星云说偈》

22

慈悲心、柔软心都是禅心。要坐禅，就要自我观照，明心见性。有明理吗？能观照吗？有禅心，不管走到哪里，都是你的禅堂。

——《对禅堂禅学僧开示》

23

学禅，若是全依赖师长，将会失去自己；若是全靠自己，没有指引，何能因指见月？所以要师资相助。

——《星云禅话·半肯半不肯》

24

禅修，要耐烦，不要做半吊子，不要做假禅师。道德可以装假，说话可以装假，唯有禅，是假不来的。

——《对禅堂禅学僧开示》

25

参禅，要不断调整，不断改变，就好像夏天的蝉，要脱壳，要蜕变，才能再生。一定要在禅堂里大死一番、死里逃生，才能活过来。唯有经得起千生万死，才是一个禅者。

——《对禅堂禅学僧开示》

26

禅，是不能从坐卧之相去计较的，但是对初学者而言，坐禅仍是参禅的重要入门。如何坐禅？

（1）要独坐静室；　（2）要盘腿结印；

（3）要宽衣松带；　（4）要摇身搓手；

（5）要裹膝周全；　（6）要平胸直脊；

（7）要出气和顺；　（8）要看心不分。

——《六祖坛经讲话·坐禅品》

27

参禅参得不能和众、不能与人水乳交融地相处，是不行的。禅师，要有独立的禅风，但是，也要顺应一切的人情世故。

——《对禅堂禅学僧开示》

28

不要常追悔过去，要能远眺未来，要有英雄的无畏，要有赤子的爱心。睡觉的时候，好好地睡，如长眠不起；起床的时候，立即离床，如弃敝屣。真能如此生活，生活就有禅。

——《六祖坛经讲话·忏悔品》

29

参得禅心，无论走路、吃饭、做事都有禅的味道。语言有禅语，生活有禅味，做什么事都有禅道。

——《对禅堂禅学僧开示》

30

“毗卢七支坐法”[③]是坐禅调身的最佳姿势，有：

（1）端坐盘腿，跏趺而坐；　（2）背脊竖直，不可靠壁；

（3）安手结印，置于膝上；　　（4）头面要正，颈靠衣领；
（5）双肩应平，轻松自然；　　（6）敛目平视，观照自心；
（7）嘴唇抿合，舌抵上颚。

——《六祖坛经讲话·顿渐品》

31

我们在佛门里很安心，为什么？本分。该吃饭的时候吃饭，该随众的时候随众，该念佛的时候就念佛，该参禅的时候就参禅，该为人服务的时候，就为人服务。能在人间“随喜随分”，这么做就好了。

——《对禅堂禅学僧开示》

32

修行，最怕“躐等”，躐等就是超过。你上楼梯，一阶一阶，是有等级的。脚踏实地，本本分分，把腿子坐好，行为慈悲了，心地柔软了，人身轻安了，参出所谓禅悦，感觉到禅堂里的欢喜，那才是自己的功夫。

——《对禅堂禅学僧开示》

33

人，往往只看到别人，看不到自己；看到表面，看不到内心。由于自他的“观照”不够，无法明白真相，因此烦恼丛生。假如我们懂得“观照”自己，常常自我反省，明白我与社会人间的关系，才能自我健全。

——《对禅堂禅学僧开示》

34

会观照的人，能够探测因缘的关系；会观照的人，能够深入了解事相的内容。观世音菩萨正因为“照见五蕴皆空”，所以能“度一切苦厄”。

——《对禅堂禅学僧开示》

35

一塘池水，平静无波，池底的东西就能看清；一颗禅心，湛然不动，宇宙万有就会现前。不动、寂静，是进入禅门的快捷方式。

——《对禅堂禅学僧开示》

36

参禅学道要守本分，不要妄求。所谓“鹤背倾危龙背滑”，不自量力的人，就算骑在白鹤背上飞天，也是很危险；乘龙飞天，一滑也成千古恨。所以人贵自知，不要妄求。

——《星云说偈》

37

学道参禅，不要把个人琐碎事挂在心头，但对普度众生的事则要积极、要护持。活在世间上，懒惰懈怠也是几十年，自私自利也是几十年，何不积极为国家社会多做点事，为社会的安和乐多多造福呢？

——《星云说偈》

38

参禅不要沉酣于甜蜜的过去，要泯除狭隘的地域观念，扩大生命领域。从有限的时空中，去创造无限的时空；以有限的生命，去扩充无限的生命；将短暂的生命，投注于永恒的时空之中，不能像井底之蛙一般，画地自限，局促一隅。

——《人间佛教系列·禅学与净土·禅师与禅诗》

39

参禅访道，把握住机锋的相对很重要，好比照相要调好焦距，穿针要对准针孔，参禅不对机或失去先机，就不能开悟。

——《人间佛教系列·禅学与净土·生命升华的世界》

40

"参禅何须山水地，灭却心头火亦凉。"[④]参禅并非一定要找山明水秀的地方，只要把心里的妄想、无明、烦恼熄灭，即使在大火里，也可以转法轮，也会感到身心清凉。所以，奉行人间佛教的人，何处没有禅呢？

——《六祖坛经讲话·般若品》

41

参禅，心要改。如果贪欲心不能改成喜舍心，嗔恨心不能改成慈悲心，愚痴心不能改成智慧心，懒惰心不能改成精进心，即使听闻再多的佛法，终究没有用。

——《六祖坛经讲话·行由品》

42

参禅不能廓然大悟，即使坐破蒲团，依然迷而又迷。所以，要知道在哪里成佛，心一转即是。

——《六祖坛经讲话·坐禅品》

43

参禅的人要有方便、要有善巧。所谓法无定法，能随机应变才是大用。一休和尚的“做女婿”[5]，权巧挽救一条自杀的生命；仙崖禅师大喊“快来看，杀人了”[6]，巧妙化解一场激烈的争吵。懂得禅的方便权巧，懂得禅的运用高妙，自然能泯灭一切尘埃，流露无限慈悲，无限禅机。

——《星云法语·禅的修行》

44

参禅打坐，如同人在山中，山在眼中，此中有分别，但是又无分别。参禅又如人在山顶，山在脚下，是我登山，是山登我？此中有高低，又无高低。

——《六祖坛经讲话·坐禅品》

45

参禅修行，有了烦恼、妄想固然不好，但如果一心执着于求证真如涅槃，这也是一种病态。要紧的是了知诸法平等，自然能证悟到清净、平等的安乐。

——《六祖坛经讲话·坐禅品》

46

参禅打坐还未进入“定”境的时候，不妨辅以“五停心观”来治心：用不净观对治贪欲、用慈悲观对治嗔恨、用因缘观对治愚痴、用数息观对治散乱、用念佛观对治业障。

——《六祖坛经讲话·坐禅品》

47

参禅不能变成枯木禅，枯木要让它能遇到春风，能生发，也就是不要让禅停滞。

——《六祖坛经讲话·坐禅品》

48

参禅的利益固然很多，但是有的人参禅打坐不得要领，有时候容易“走火入魔”。走火入魔的原因有：贪图神通、自我闭塞、邪知邪见、妄动散乱。

——《六祖坛经讲话·坐禅品》

49

参禅修道的人，永远活在当下，所谓“逢山开路，遇水搭桥”，事情过去了，心里面也不必再留有痕迹。

——《六祖坛经讲话·坐禅品》

50

参禅求道，不可存侥幸的心理，亦不可求速成。虽说禅师一语能使学人廾悟，但学人若无穷年累月的积聚功行，莫说禅师一语不能给你开悟，就是千言万语，甚至棒喝亦无功也。

——《星云禅话·棒与喝》

51

参禅学道的人应该知道，自性“五分法身香”⑦不从外得，要从自己的自性上去证悟，因为解脱不在他人身上求，自己能悟道，当下就能获得解脱。

——《六祖坛经讲话·忏悔品》

52

参禅学道并不一定要贫穷才是有道心，若是心里的贪欲不除，外表装出苦行的样子，也不足取法。

——《佛光教科书・实用佛教・佛教对经济的看法》

53

参禅修道，为人处世，应先认识自己、忠于自己、忠于工作岗位，切莫因为未受重用而东奔西跑，如此，终究一事无成。

——《星云禅话・你无佛性》

54

参禅者要不断地更新、不断地净化、不断地升华，才能一天一天接近“悟”的境界。所谓“流水不腐，户枢不蠹”[8]，在人间佛教的生活里，我们怎能不走上自我身心的“更新之道”呢？

——《星云法语・更新之道》

55

参禅，假如一直怀着成见、自满、傲慢，就算天降甘露，也无法流入心中。好比器皿要装入真理的法水，一要空而无物，二要清洁无染，否则也无法受用。

——《星云禅话・成见不空》

李萧锟　绘

星云语录

参禅修道的人，永远活在当下，所谓『逢山开路，遇水搭桥』，事情过去了，心里面也不必再留有痕迹。

56

参禅，如果对过去所知所学不能舍去，怎能入禅？如茶杯，已留有其他汁液，如今再装茶水，总会变味。

——《星云禅话·因缘所成》

57

参禅要参得自我肯定，人若能肯定自己，就不会被五欲六尘的境界牵着鼻子走。心能安住，则天崩地裂又奈我何！

——《星云禅话》

58

参禅，不可拖泥带水。所谓“日有升沉，月有圆缺”，能从生灭中会意，安住那不生不灭的真心，也就天下太平了。

——《开示》

59

磨砖既不能成镜，枯坐也不能悟道。参禅求道，主要在觉悟真心本性，把握这一点，才能进入禅的世界。

——《星云禅话·打坐非禅》

60

参禅悟道是实实在在的，一点虚妄都不可，在没有经过实际的体悟心证，就学起鹦鹉说话，只不过是拾人牙慧。卖弄玄虚，迟早会露出马脚，被人识破。

——《星云大师讲演集·生命升华的世界》

61

用疑心参禅，用体会参禅，用问道参禅，终不及用平常心参禅。我们在世间生活，大多在颠倒矛盾妄想之中。所谓随生死之流而不息也，如能明白洞水逆流，即是平常心显现，千疑万问，终不及一颗平常心。

——《星云禅话·嫌什么》

62

有人以为参禅，不但要摒绝尘缘，甚至工作也不必去做，认为只要打坐就可以了。其实不工作，离开生活，哪里还有禅呢？不管念佛也好，参禅也好，修行不是懒惰的借口。

——《星云禅话·千古楷模》

63

有的人参禅是修身不修心，他端身正坐，威仪庄严，但是心里面的贪、嗔、痴、烦恼、人我，一点都没有去除，实在空负大好时光。因此，参禅要紧的是，要能内外一如，表里一致。

——《六祖坛经讲话·坐禅品》

64

所谓参禅，就是一个“悟”字。迷即众生，一悟即佛，所以历代的禅师都要吾人觉悟，并不一定要你成佛。然而一旦觉悟了，还愁不能成佛吗？

——《普门学报·中国佛教阶段性的发展刍议》

65

参禅修行一段时日后，可以用“九住心”来勘验自己修行的进度：

（1）内住：参禅打坐时，最初系心一境，使心住于内，不外散乱。

（2）续住：最初所系缚的心，其性粗动，不能使它等住遍住，所以当心念对外在的对象起作用时，即于所缘的境界，以相续方便、澄净方便，令心遍住微细。

（3）安住：心虽然摄持令内住、续住，但是仍然还会有失念、散乱的时候，所以当心一外散，立即察觉，摄心还住于所缘中。

（4）近住：此时心已能做到不起妄念，心念不向外散失。因为妄念将起，就能预先觉知，先将它制伏，不令此心远住于外，称为近住。

（5）调顺：深知禅定的功德殊胜，了知色、声、香、味、触及贪、嗔、痴、男、女十相是使心散乱的过患，因此，能将心调伏，不使流散。

（6）寂静：以内心的安定功德，止息能令心扰动的恶寻思及随烦恼，使心调伏，不再流散。

（7）最极寂静：由于失念的缘故，前面所说的各种不正寻思及随烦恼暂现行时，随所生起，能不忍受，立即除遣断灭。

（8）专注一趣：有加行，有功用，无缺无间，而定力得以相续。

（9）等持：就是平等持心，由于数数修习的因缘，功夫纯熟，不由加行，不由功用，心能安住，任运相续，无散乱转。修定至此，是即将入定的阶段了。

——《普门学报·人间佛教的戒定慧（中）》

66

《宝王三昧论》十不要求，也可以帮助我们参禅修道：

（1）无病固然很好，有病也不必害怕，有病反而更能激发精进向道的心，所以“念身不求无病”。

（2）做人处事，不要害怕困难挫折，有时太容易、太顺遂，容易骄傲、自大，甚至遭人嫉妒。从艰难困苦里完成目标，反而不会招致嫉妒、障碍，所以“处世不求无难”。

（3）发心学道，不求没有障碍。没有一点障碍、干扰、困难，容易轻忽所学，做人就会躐等、僭越。所以，世事越是艰难，越要懂得谨慎从事，所以“究心不求无障”。

（4）无论做什么事情，不要怕魔难。所谓“道高一尺，魔高一丈”，魔难有时候也是我们的逆增上缘，所以“立行不求无魔”。

（5）无论是读书、创业，还是从事任何工作，都不要急于成就，太容易成就，则志愿不坚，很容易招致失败，所以“谋事不求易成”。

（6）与朋友交往，要想我怎样给人快乐、给人欢喜、给人利益。如果一味要求朋友有利于自己，就会亏损道义，所以“交情不求益我”。

（7）与人相处，不求别人凡事听命于我、顺从我、服从我，事情太过顺心如意，则容易刚愎自用，所以“于人不求顺适”。

（8）帮助别人，不要企望人家报答我。望人报答，那不是布施，是贪欲。既然布施，就要无所求。无所求的无相布施，才是真布施，所以“施德不求望报”。

（9）见到人家有了好处、利益，不要想分一杯，也不要生起嫉妒心。要以随喜心为人家欢喜、祝福，这样就不会痴心妄动，所以“见利不求沾分”。

（10）受到人家的冤枉、委屈、压抑，不要急于辩白、申诉，否则容易滋生怨恨。反之，能够吃得亏、看得破、放得下，有时反能增加自己的道德、福报，所以“被抑不求申明”。

——《六祖坛经讲话·忏悔品》

67

坐禅，坐出烦恼来、坐出计较来、坐出人我是非来。身虽不动，心却是翻江倒海，千军拥沓，那坐禅又有什么用呢？

——《对禅堂禅学僧开示》

68

坐禅习定的人，须知有九种修行的法门：坐处明净、看守诸根、晓了于相、令心自调、制伏懈怠、心无秽着、心定常舍、近学定人、乐中安定。

——《六祖坛经讲话·护法品》

69

定课坐禅时，须以当下的身心作为禅观对象，体察无常、无我，一旦开发出般若智慧，则业种干枯、业障自亡。

——《佛光教科书·实用佛教·佛教的参禅须知》

70

禅的修持，偏于“悲”者，滥用慈悲，反成障道因缘；偏于“智”者，沉空滞寂，陷入冷酷无情。故须“悲智双运”，才是合乎“中道”的修持。

——《佛教丛书·宗派·禅宗》

71

禅的修行不是“枯木倚寒岩，三冬无暖气”[9]，也不在“眼观鼻、鼻观心”而已。有了禅，就不会斤斤计较于五欲尘劳；有了禅，生活就可以充满生命力。真正的人间禅者，就是要有肯定自我、坐断乾坤、大死一番、权巧方便的气魄与修行。

——《星云法语·禅的修行》

72

禅的修行就是要把山河大地、乾坤宇宙都坐断，把自己融到无限的时空里去，把迁流动荡的身心与虚妄不实的外境全都消融。所谓“乾坤容我静，名利任人忙”[10]，把无碍的本心跨越到无尽的虚空中，不再为世间名利、人我所束缚。

——《星云法语·禅的修行》

73

修行乃各人吃饭各人饱，各人生死各人了。老是拿着一把尺去丈量别人，要求别人要忏悔业障，要持守净戒，要发心度众，要护持道场，自己却不知惭愧、不肯发心、不知改过、不明事理，那只是徒费时日，多管闲事。

——《佛光教科书·佛教问题探讨·修行》

74

修行，只有靠自己去修、去参。参禅，最忌模仿，所谓依样画葫芦，只是像鹦鹉学语而不知实义，终究不像原样。禅者要能

“上无片瓦盖头，下无寸土立足”[11]，一切都要自家重新来过。

——《星云禅话·被人借去了》

75

说起修行，要多少时间才能完成佛道？说远，须三大阿僧祇劫；说近，当下即是。吾人心外求法，忘失自己，才劳动诸佛祖师，千说万说，才知回头。

——《星云禅话·佛堂无佛》

76

修道，直心是道场，心不可曲、不可谄媚；要直下承担，凡事不妄言；要还人一个真实。

——《星云说偈》

77

修道行禅，如何才能不见别人的是非、善恶、过患呢？最重要的是将自己的心净化为：平等心、慈悲心、广大心、空无心、般若心、感恩心、助道心、惜福心。

——《六祖坛经讲话·坐禅品》

78

人间佛教的行者，参禅修道也不离“四摄法”度众：

布施，令众生身心无忧；爱语，令众生发大信心；

同事，令众生信受法义；利行，令众生入佛之智。

——《佛光教科书·佛教问题探讨·生活》

79

“学贫，贫后道方亲。”真正的学道人，先学贫穷。金钱少，挂碍就少；金钱多，挂碍必多。一个人如果能安贫乐道，才懂得在贫穷里不屈不辱。你有道，眼睛闭起来，世界便在心中。心里的法界，心里的宝藏，心里的安乐，心里的愉快，千金难买。所以，学道的人不要怕穷，只求有道。

——《星云说偈》

80

年轻的学道者，最大的通病是没有恒心、毅力，不耐烦，学道经不起考验。道，在平常心里面，在日用生活中成就，不必刻意强调，也不求速成。只要有恒心，多多慈悲感恩地参禅学道，一片豁然悟境就在面前。

——《星云说偈》

81

在烦恼海中，修道者要像甘露法水，为众生、万物作雨露，不要怕烦恼，不要怕是非，只要真心不灭，任何地方都可以成就佛道，如同释迦牟尼在五浊恶世中成佛一样。

——《星云说偈》

82

打坐是用来通达禅道的方法，但不是目的。牛车不进，打牛即行，不关车事；参禅悟道，用心即是，不关身相。心为万事之王，任何修行，重在明心见性。

——《星云禅话·打车？打牛？》

83

“坐破蒲团不用功，何时及第悟心空。”一个人光在形式上修行，做足表面功夫是没有用的。“坐破蒲团不用功”，就是把蒲团坐破了，不用心地去修持，也不能得道。

——《星云说偈》

84

习禅切莫忽视持清净戒，修慈悲心。能持清净戒，身心清净，习定则容易成就；具慈悲心，常怀悲悯，就不堕枯木禅境。

——《佛光教科书·实用佛教·佛教的参禅须知》

85

习禅过程中，若遇业障现前，须从行为上忏悔，以及行善法功德，培养善种做起。更重要的是，思想上要多闻熏习无常与缘起性空的法义。

——《佛光教科书・实用佛教・佛教的参禅须知》

86

所谓“不破参，不闭关”，没有消泯烦恼无明，内心不宁静的人，不可以闭关；“不开悟，不住山”，没有究竟开悟的人，也不能到山里独住。一般初学道者，不要马上逃避人间现实，向往住在深山里。要知道“闲到心闲始是闲”，一定要做到心闲无挂碍，才是真闲。否则不好好做事，一心以为住山就是修行，其实是懒惰心作祟。

——《星云说偈》

87

烦恼未除，在关房中容易盲修瞎练而走火入魔。所以奉劝一般初参学者，不要心心念念想到深山里遁隐，不要着急，先打好修行的基础，打好佛法知识的根基，等到开悟了以后再住山，破参了以后再闭关。那个时候不管闭关还是住山，都更上一层楼，能真正进入佛法的三昧真谛了。

——《星云说偈》

88

有些禅者，以为奇奇怪怪的状况就是悟道。“呵佛骂祖”，这是不能随便的。反常，要有反常的实力；矛盾，要有矛盾的统一。铁链可以锁人，金链同样可以锁人。把佛经当作废纸，是要通达三藏，彻悟宇宙真理以后才可以说；否则，白纸要爱惜，废纸也要爱惜。还没有登彼岸以前，接引的船只对我们还是很重要的。

——《星云禅话·废纸一堆》

89

人间禅者只要当下安心，就拥有大千世界的一切。儒家主张凡事反求诸己，人间禅者要求“随其心净则佛土净”[12]，故人人应随地除去自己心上的妄想执着，否则一个黑漆皮灯笼[13]，怎么能是人间佛教的禅者呢？

——《星云禅话》

90

禅者要有独立的精神，不要别人恭维几句就欢喜，讥评几句就烦恼，这样的生活，好像给别人操纵在手中。别人要你欢喜，说你几句好话你就欢喜；别人要你烦恼，说你几句坏话你就烦恼，这岂不是把你变成掌中玩具。

——《对禅堂禅学僧开示》

91

要成为一个真正的禅者，必须要耐烦、耐苦，念念安住，要有“任它铁杵成针石上磨”，我自决心做妙高峰顶第一人的气魄与承担！

——《星云说偈》

92

伟大人物，不是坐在高位上给人崇拜的。尤其禅者，是要从卑贱作务、苦役劳动中身体力行，磨砺意志，才能成为佛门龙象。

——《星云禅话·炷香增福》

93

参问有如叩钟，大叩大鸣，小叩小鸣，不叩不鸣。须菩提尊者发问，留下令人千古传诵的《金刚经》；禅宗祖师启问“什么是本来面目”“何谓祖师西来意”“念佛是谁”，让学僧向内心自问、自参。因此，参学必须向人谦虚请教、叩问，才能获得长辈大德的教授。机缘成熟，就能豁然意解，妙得于心。

——《星云法语·学问之道》

94

佛在心中，道在当下；禅在定中，慈在智内。学佛的人没有菩提心、大愿力，做的善事都是世俗之事。没有菩提心，修行都是不够力的，念念要为佛教、念念要为众生、念念要广结善缘、念念要与人为善，不这样，怎能走进禅的门径？怎么安住呢？

——《对禅堂禅学僧开示》

95

禅的性能如何养成，要注意这一刻。这一刻，永远活在现前当下、现前一念。当下一刻，不要忘失，自然就会养成禅的性能了。

——《六祖坛经讲话·忏悔品》

96

禅门有谓："制心一处，无事不办。"心念不动，自然乾坤朗朗。我们的念头有如一潭湖水，水波不生，自能映物；念头一动，波涛汹涌，自然无法照见自己的本来面目。所以，我们要时时把持正念、维护正念，要让"未生善令生起，已生善令增长；未生恶令不生，已生恶令断除"。

——《迷悟之间·照顾念头》

97

"迷时师度，悟时自度。"所谓师度，只是找到一份因缘。在佛教里讲"三分师徒，七分道友"，就算遇到良师，如果自己不努力、不用功，也是空遇名师。如何是自度？自度，就是我们要培福、要结缘、要用心、要修慧。所谓"要学佛道，先结人缘"。广结人缘，就是培植无量福德的修行。不肯为人服务，所谓"拔一毛而利天下，不为也”，这是悭吝、是自私、是懒惰。

——《六祖坛经讲话·行由品》

98

禅宗既然认为搬柴运水、扬眉瞬目都是禅，为什么念佛就不是禅呢？禅门说参禅时讲究心要定于一境，而净土宗如《阿弥陀经》说，念佛要一心不乱，这不就是禅的定境吗？心定于阿弥陀佛，以此为所缘境，有何不可？为何要批评呢？所以，禅净应该互相包容，彼此融摄，这才合乎佛法的精神。

——《普门学报·中国佛教阶段性的发展刍议》

99

禅门的疑问，是心智的开花；老师的答案，是神秘的果实。神秘，就是不说破。不说破，才是禅者用力之处。所以，有时候不回答，就是最好的回答。

——《开示》

100

每个人内心都有一样比黄金、钻石更宝贵的东西，那就是人人本具的佛性。佛性，用比较浅显易懂的字眼表达就是禅心。用禅心安顿自己，不管在顺逆境界，都能时时自在。

——《星云法语·处事禅心》

101

见性不难：

生活清贫知足，即见声闻淡泊之性；

明了缘起法则，即见缘觉宁静之性；

度众不烦不恼，即见菩萨大悲之性；

无住无相无念，即见如来不动之性。

——《六祖坛经讲话·前言》

102

我们信佛、拜佛，其实我们自性本来就是佛，佛性人人本具。因此禅宗主张，不要再到心外求佛，佛在心内；也不要想到心外有净土，净土就在心中。

——《六祖坛经讲话·决疑品》

103

参禅无非要见性，但我们常常见到自己凡夫的本性，贡高我慢，百般思量，费心地比较、计较，就像乌云遮日，怎么能见性出头呢？

——《六祖坛经讲话·前言》

104

“见性成佛”，这是每个人的自家事，靠别人帮忙是不可能得

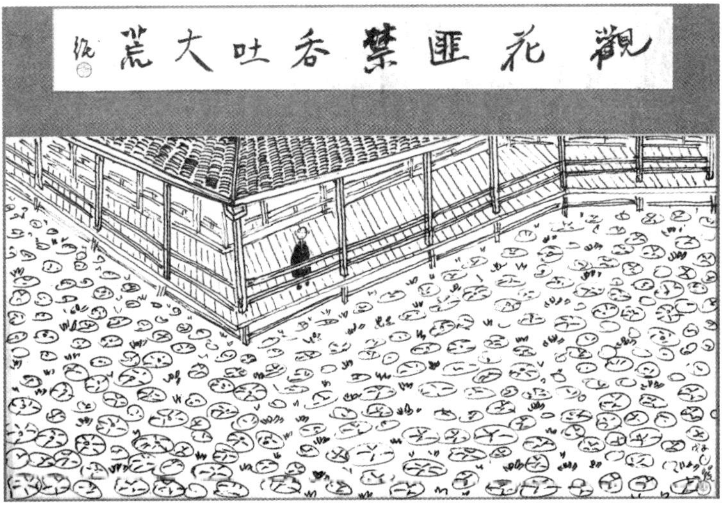

李萧锟 绘

星云语录

每个人内心都有一样比黄金、钻石更宝贵的东西，那就是人人本具的佛性。佛性，用比较浅显易懂的字眼表达就是禅心。用禅心安顿自己，不管在顺逆境界，都能时时自在。

道的。唯有自己负责、自我努力，才是最好的保证。

——《六祖坛经讲话·忏悔品》

105

见性的人，不论是光明的般若与黑暗的无明，在他都是一样，没有分别。黑暗的烦恼固然苦人，光明的烈日又何尝不炙人呢？

——《星云禅话·说究竟法》

106

历来的祖师大德，如普愿禅师在南泉山挑水煮饭三十年，慧忠国师在党子谷扫地四十年。他们尚且需要如此培植福德因缘，养深积厚来成就道业，一般人如何能不自我充实呢？

——《星云法语·厚实之道》

107

一位禅师，看到同参要外出参学，也想一起去，便要求：“带我去吧！”同参说：“你要去，可以！但有几件事，我不能帮你的忙。”“哪些事情？”“吃饭的时候，不能代你吃饭；走路的时候，不能代你走路；睡觉的时候，不能代你睡觉；大小便的时候，不能代你去大小便。”意思就是说，所有的事都要自己来，想靠别人解决是不可能的。学禅，就是要自己解决自己的问题，老师可以给我们一点意见、一点因缘，但真正能解决问题的，还是要靠我们自己。

——《迷悟之间·从自我出发》

108

唐朝大梅法常禅师以荷叶为衣，松花为食，自得其乐。近代弘一大师归投佛教，一生以弘扬律宗为业，一条毛巾使用十多年，破烂不堪，仍然爱惜有加，不以为苦。古德先圣之所以有这种淡泊清高、怡然自得的胸襟，最主要的是，他们能把握住无限的禅心宝藏，并且充分地用自己的身心实践出来。

——《星云法语·乐之源》

109

临济禅师的“四料简”指出参禅打坐有四个程序，用现在的话来说就是，夺心不夺境，即忘记自己，但没有忘记外境。夺境不夺人，即泯灭外境，但没有忘失自我。人境两俱夺，即人与境皆忘。人境俱不夺，即人境俱不泯，道不离世间。

——《六祖坛经讲话·坐禅品》

110

何谓禅的修行？

面对苦恼时，不要伤心流泪，要以悲愤为力量；

面对委屈时，不要叹息失望，要以忍耐为担当；

面对诱惑时，不要虚荣迷茫，要以禅定为舟航；

面对荣耀时，不要患得患失，要以克制为良方。

——《佛光菜根谭》

111

修行的秘诀是平常用心，持戒的秘诀是真实不虚，

禅坐的秘诀是忘失时空，念佛的秘诀是心口皆佛，

精进的秘诀是为己而作，法喜的秘诀是放下自在。

——《佛光菜根谭》

112

束缚与解脱、空与有、前与后，这些相对法，与禅是不相应的。禅，离四句，绝百非[14]，无论什么，甚至都不许有此一概念的。学者若能空诸所有，不悟而何？

——《星云禅话·谁是后人》

【注释】

① 解铃还须系铃人：《指月录》卷二十三："金陵清凉泰钦法灯禅师，在众日，性豪逸，不事事，众易之，法眼独契重。眼一日问众：'虎项金铃，是谁解得？'众无对。师适至，眼举前语问。师曰：'系者解得。'眼曰：'汝辈轻渠不得。'"

② 净念投于乱心，乱心不得不净：《五灯会元》卷十七："上堂：清珠下于浊水，浊水不得不清；念佛投于乱心，乱心不得不佛。佛既不乱，浊

水自清；浊水既清，功归何所？”

③ 毗卢七支坐法：指从盘腿、直脊、结印、平胸、收颚、抵腭及敛目，总共七个动作，叫作“毗卢遮那佛七支坐法”，简称“七支坐”，是一般初学禅坐时，调身方面七种最主要的学习项目。

④ 参禅何须山水地，灭却心头火亦凉：《全唐诗》卷六九三，杜荀鹤，《夏日题悟空上人院》：“三伏闭门披一衲，兼无松竹荫房廊。安禅不必须山水，灭得心中火自凉。”

⑤ 一休和尚的“做女婿”：此为一休和尚权巧方便救人的故事。有信徒做生意失败想自杀，一休提议娶他八岁的女儿来协助还债。婚礼当天，要求贺客每人买一把扇子，由一休亲自题字。结果买扇子的人络绎不绝，信徒不仅偿还了债务，一休也不必做女婿了。

⑥ 仙崖禅师大喊“快来看，杀人了”：此为仙崖禅师化解一对夫妻争吵的逸事。有夫妻在吵架，丈夫吼着要杀人，妻子也不甘示弱地喊：“你杀呀！”仙崖禅师见状，帮腔大叫：“快来看，要杀人了！”路人责问：“夫妻吵架，干你何事？”仙崖：“怎不干我事！若杀死了人，便要找我诵经。”此时那对夫妻反而不吵了，围过来看禅师在吵什么。仙崖于是借机开示夫妻相处之道，化解了争端。

⑦ 五分法身香：《佛光大辞典》一〇六七页中“五分香”：“以香比喻五分法身。无学圣者于自身成就之五种功德法，称为五分法身，即戒身、定身、慧身、解脱身、解脱知见身；以香喻之，则称为戒香、定香、慧香、解脱香、解脱知见香。”

⑧ 流水不腐，户枢不蠹：《云笈七签》：“流水不腐，户枢不蠹，以其劳动不息也。”

⑨ 枯木倚寒岩，三冬无暖气：《五灯会元》卷六：“昔有婆子供养一庵主，经二十年，常令一二八女子送饭给侍。一日，令女子抱定，曰：‘正

恁么时如何？’主曰：‘枯木倚寒岩，三冬无暖气。’女子举似婆，婆曰：‘我二十年只供养得个俗汉！’遂遣出，烧却庵。”

⑩ 乾坤容我静，名利任人忙：浙江普陀山慧济寺楹联，近代名僧苏曼殊题。

⑪ 上无片瓦盖头，下无寸土立足：《续传灯录》卷二十二：“有个汉，自从旷大劫无住亦无依，上无片瓦盖头，下无寸土立足，且道十二时中在什么处安身立命？若也知得，朝到西天，暮归东土。”

⑫ 随其心净则佛土净：《维摩诘经·佛国品》。

⑬ 黑漆皮灯笼：形容懵然无知。鲁迅，《花边文学·一思而行》：“手拿黑漆皮灯笼，彼此都莫名其妙。”

⑭ 离四句，绝百非：所谓“四句”，即有、无、亦有亦无、非有非无。所谓“百非”，非即否定，百非即一百种否定。绝百非是从四句里衍生出百种的否定。

只要不动心，一切就没事了

1

禅定者，外在无住无染的活用是禅，心内清楚明了的安住是定。所谓外禅内定，就是禅定一如。对外，面对五欲六尘、世间生死诸相能不动心，就是禅；对内，心里面了无贪爱染着，就是定。参究禅定，就如暗室放光！

——《六祖坛经讲话·坐禅品》

2

禅定、止观会给人一种稳定力。“外离相为禅，内不乱为定”[①]，它并非只是蒲团上的用功，如果能将“观为慧、止为定”活化，就是有一点杂音，也不会太计较，遇到一点琐事，也不会放不下。不该听的不听，不该看的不看，不该想的不想，使躁动的心得到沉稳。

——《星云法语·人生四宝》

3

我们每天必须面对复杂的人事问题，以及各种境界的考验，内心如果没有自主的定力，容易心随境迁，不能明审是非。心有定境，才能观照问题，以清明的理路思考，妥善处理。《六祖坛经》云："定是慧体，慧是定用。"唯有培养心中的禅定，在动荡的人世间，才能生出"以不变应万变"的般若智慧。

——《星云法语·佛法与人生》

4

禅定的生活，在行立坐卧之间都要有最完美的表达。行，不疾不徐；立，不亢不卑；坐，不弯不曲；卧，不懒不怠，进而对世间要能看破、放下、洒脱、幽默，那自然能获得禅定三昧②了。

——《开示》

5

行仪必须诚于衷，才能形于外。行立坐卧必须从内心的心念、思想，发展到成为习惯，如此表现到行为的外相上来，才能合乎自然。

——《迷悟之间·行立坐卧》

6

禅门，讲究不被人牵着鼻子走，不要东风吹东倒，西风吹西倒，一点自我的主张都没有。肯定自己是一种本心自明，不是自满；是一种移情化性，让自己做个佛菩萨，而不巧立名目，戴高帽子。自我肯定，直下承担，是禅者证验修持，登上光明藏的妙阶。

——《人间佛教系列·禅学与净土·从教学守道谈禅宗的特色》

7

禅的世界就是要我们超出是非、善恶、有无、好坏、荣枯等等相对待的世界，到达一种绝对真实和圆融的世界；禅的世界是要我们在生死之外，找寻另一个安身立命的所在。

——《人间佛教系列·禅学与净土·禅师与禅诗》

8

“戒、定、慧”是参禅学佛不可缺少的资粮：

在大恶病中，戒是苦口良药；在大恐怖当中，戒可以给我们守护。

在动乱当中，定是安定力量；在大危难当中，定可以给我们安稳。

在迷暗时候，慧是指路明灯；在愚昧的时候，慧可以给我们指引。

因此，戒、定、慧可以使我们身心健康，可以保护我们。

——《六祖坛经讲话·顿渐品》

9

思想是促进人类文明的动力。人因为有思想，故能开发智慧，所以佛教讲："从闻思修而入三摩地。"③思想到了极致，就是开悟。当初佛陀的悟道，也是经过苦思冥想，才能悟出宇宙人生的道理，将宇宙人生、缘起与还灭了然于胸的。今之禅门的参禅悟道，也是要穷追猛问，一点也不放松，一直问，一直想，一直参下去。因此，禅门的打坐，并非枯坐而是要参，也就是用心思想。从有差别中，找到无分别的真心，那是参禅的要道。

——《星云法语・心的修行》

10

有一些学人向师父求法，总希望有密传、有密法。密意是什么？其实是自己的体会，就是接心、印心。师徒之间能够见解一致，能够思想统一，能够彼此精神相依，能够甘苦与共，能够生死不渝、荣辱不离、两心相通，那就是密意。

——《六祖坛经讲话・行由品》

11

对治尘劳妄想，并不是要我们离开尘劳妄想，因为"逃避"不是办法，而是要在尘劳妄想里，面对现实，不被尘劳妄想动心。如佛经所说："不怕妄想起，只怕觉照迟。"尘劳妄想不可怕，就怕我们没有"禅"、没有"定"、没有"力量"、没有"觉照"，那对修行而言，就有待加强了。

——《六祖坛经讲话・定慧品》

12

有时候，学佛修行，如果没有敌人、没有反对者，自己也不知道要进步；如果没有魔王来扰乱，自己也不懂得要发大菩提心。所谓“善可为法，恶可为戒”，有时候以敌为友也可以成为学道的资粮。

——《六祖坛经讲话・顿渐品》

13

凡夫居处世间生活，压力最重、最难处理的就是尘劳妄想。为什么？因为在“境界”上有了贪心，有了执着，有了挂念。“心念”上如果有了“人我”“贪着”，就会生起“邪见”，一切尘劳妄想自然由此产生。

——《六祖坛经讲话・定慧品》

14

禅观的世界是烦恼的，也是菩提的。一般人认为烦恼是烦恼，菩提是菩提，其实“烦恼即菩提”，没有烦恼便没有菩提可得。就如还没有成熟的菠萝、柿子虽然很酸很涩，但是经过风吹日晒、霜雪雨露的滋润，等它成熟以后再吃，就变甜了。甜从哪里来？就是从酸、涩而来。所以，是烦恼也是菩提。菩提不假他求，只要我们把烦恼一转，就如同转酸涩为甜蜜一样，烦恼自然可以化为菩提。

——《星云法语・禅观的世界》

15

世间上，有的人凡事求多、求好、求拥有，但也有的人刻意远离名利，躲到深山里隐居。为什么？因为他要体会“无”的世界，在“无”当中感受无名、无利的逍遥自在。但是，真正的菩萨道，应不执着“空”，也不要太躲避世间上的“有”，而刻意去寻找“无”。我们应该做到即使“拥有”，也不执着，而且能随缘随喜的洒脱自在，这就是“有无一如”的禅心了。

——《星云法语·何谓禅心》

16

烦恼来时，要用正定来应对，当下去除分别，“魔来魔斩，佛来佛斩”④。若能如此，当然又是进入了另一番境界。

——《开示》

17

“嗔”念起时，要用“定”来对治。遇到忤逆的境界，先忍于口，再忍于面，进而忍于心，最后，不忍而忍，就是“无生法忍”。

——《对禅堂禅学僧开示》

18

人因为不明理而烦恼，又因无明而痛苦。智慧如同明灯，能照破愚痴暗昧；如同利剑，能斩断烦恼根源。因此，人人要运用智慧来对治愚痴，无明的势力才能不再延续；运用智慧才能把恶习改成善行，把恶念改成善念。这也是人间佛教禅的功夫。

——《星云法语·六度的妙用》

19

用感觉去应对世间，不是真的美好；用禅心去体会人生，才是正确的菩提。

——《星云日记》

20

“蛋未孵熟，不要妄自一啄；饭未煮熟，不要妄自一开。”我们求法要受得住气、忍得住苦、耐得住劳，那就是自我禅定的功夫。要能如此，才能在禅门里成大器。

——《人间佛教系列·学佛与求法·我们求法应有的认识》

21

在禅师的心中，物我是一体的，外相的山河大地就是内心的山河大地，大千世界就是心内的世界，物与我之间已没有分别，完全可以调和起来。好比一棵树上，同样接受空气、阳光、水分，但是树叶、花朵有着不同的生机，而彼此能无碍地共存于同一棵树上。泯除物我的对待，才能得到圆融的统一，把“自”“他”的

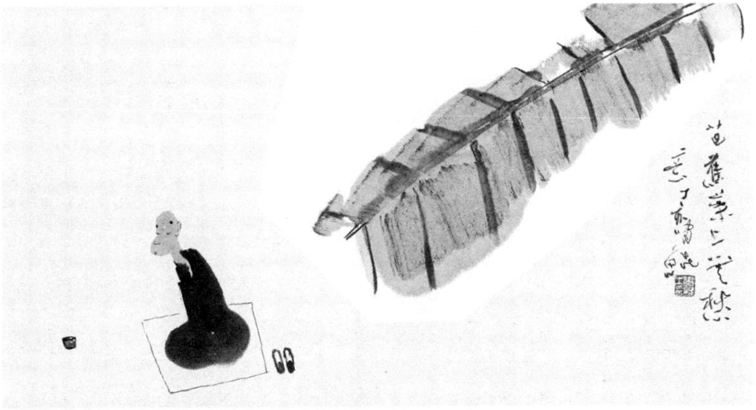

李萧锟　绘

星云语录

世间上，有的人凡事求多、求好、求拥有，但也有的人刻意远离名利，躲到深山里隐居。为什么？因为他要体会『无』的世界，在『无』当中感受无名、无利的逍遥自在。

冲突去除，才能见到圆满的实相。

——《人间佛教系列·禅学与净土·禅师与禅诗》

22

在禅师的心中，没有净秽，没有男女的差别，甚至为了救拔众生的苦难，不计净秽，地狱中的粪汤尿池也要前往的；为了拯救众生的痴迷，不辞毁誉，就是妓户也要投入。因为在禅师们的心中，了然心、佛、众生三无差别的平等道理，因此没有人我、净秽、男女的妄别，一切的清净、垢秽，都已经能够超然不染。

——《人间佛教系列·禅学与净土·谈禅》

23

什么是障道因缘？最主要的是“心”，有十二点：

（1）心门不开；（2）心结不解；

（3）心担不放；（4）心妄不除；

（5）心忧不喜；（6）心暗不明；

（7）心狭不宽；（8）心恶不善；

（9）心邪不正；（10）心贪不舍；

（11）心迷不信；（12）心有不空。

我们要把心门打开，要解开心结，放下心担，佛法才能进入我们的心中。

——《六祖坛经讲话·定慧品》

24

“一行三昧”，就是在一切“处”、一切“时”、一切“行住坐卧”之间，常行“直心”；“一行三昧”，就是修行的时候，能够“真心、直心、净心、不动心”；“一行三昧”，就是“最上禅”，是如来的“清净禅”。

——《六祖坛经讲话·定慧品》

25

一个禅者，怎样安住在“第一义”而不动心呢？必须不为“财”动、不为“情”动、不为“名”动、不为“谤”动、不为“苦”动、不为“难”动、不为“利”动、不为“气”动。尽管世界上好好坏坏，只要我“不动心”，一切就没事了。因此，不动心是一种力量，不动心是一种至高的修行境界。

——《六祖坛经讲话·定慧品》

26

对于是非、善恶，用虚无的心，空去一切。无，并不是叫我们糊涂。无心是大智若愚，无心里面，自有更大的智慧包容一切。

——《六祖坛经讲话·坐禅品》

27

举止威仪可以增加我们的魅力，态度从容也能展现我们的魅力。魅力可以是先天的气质，也可以通过后天养成。禅门祖师一举手、一投足，一扬眉、一瞬目，都能启发学人，令人去迷开悟，其实这就是禅者的魅力。

——《迷悟之间·散发魅力》

28

如何才能做到对境不动心：

不要把烦恼带到床上，不要把仇恨带到明天，

不要把忧郁传给别人，不要把生气留在心上。

——《六祖坛经讲话·坐禅品》

29

心有所住，就表示禅定的功夫还不够。因为住心容易生起嗔恨、贪欲、愚痴之心。住心就是心随境转，面对什么样的境界，你的心就跟着境界转动。

——《六祖坛经讲话·坐禅品》

30

裴休宰相请黄檗禅师到家里为佛像开光，黄檗禅师对他说："何必一定要在佛像身上开光呢？何不在你自己的心上开光呢？"禅者，以开启自己的心光为要。

——《六祖坛经讲话·忏悔品》

31

有一些人闲来无事，专门好打听别人的隐私、好传是非、好听一些闲言闲语，让自己成为隐私的是非人，实在可惜。其实世间诸法都是对待之法，如“上下”“来去”“有无”“生灭”“大小”“内外”“善恶”“好坏”等。我们终日就在这些对待法上起种种分别，时而这样，时而那般。若能心不随境转，则“只手之声”，美妙无比，这就是禅音。

——《星云法语·禅机》

32

所谓“水流任急境常静，花落虽频意自闲”，滔滔不息的流水，尽管如何快速流动，可是境界永远都是静的；花一朵一朵地飘落，任它飘零，无心自是清闲。能够保有这种境界，尽管器世间有生住异灭，尽管有情世间有生老病死，我们的心仍是不生不灭。

——《六祖坛经讲话·护法品》

33

农夫在土地上耕耘，施肥除草，四时不懈；

文人在稿纸上耕耘，焚膏继晷，写下心血；

老师在黑板上耕耘，循循善诱，百年树人。

禅者念念相续在心地上耕耘，也无不希望打破迷惘，安住身心。

——《星云法语·丰收之道》

34

我们的心总是向外追逐，希冀获得满足与快乐，然而不断追求的结果，只有越发感到空虚与烦恼。《维摩经》说：“吾有法乐，不乐世俗之乐。”当我们信仰正当的宗教，听闻正法，感受到正法之味如饮甘露，便会心生爱乐，勤奋求法而不会感到疲厌，因为在法乐之中，能获得更多的欢喜。

——《星云法语·修心学佛》

35

人透过感觉而触及内心更深层的部分，因此感觉有通往觉悟的功能，在“感觉”与“觉悟”之间的触媒则是静心与思维。能静心的人，心灵里自有花园，春夏秋冬四时，皆是花季。到那时，便无须到处寻找美的感觉、春天的消息。能思维的人，自能见及真正的价值，不被表相迷惑，也不会在人生里制造一些随时流转、随业流转的垃圾了。若能时时在感觉、静心、思维里锻炼，养成观照生命的态度，那么在车流人潮中也能有悟的一刻。那悟的一刻，像是杜鹃突然开出花朵，像是枫树吐露新芽，像是山坡上的凤仙花，“啵”的一声，又再撒了满山的种子。

——《星云说偈》

36

只要我们心中有净水，就能把人间的染污漂白；只要我们心中有平等，就能摆平世间的差别；只要我们心中有慈悲，世间万物皆能为我们所包容。有了智慧，可以洞察世间的来龙去脉；有了禅定，可以安定世间的动乱；有了菩提的力量，自然可以处理世间的忧悲得失。总之，要让世间万物为我们所用，心不能随万物而转。只要心能转境，还有什么苦乐得失不能转的呢？

——《迷悟之间·心能转境》

37

所谓“三昧”，就是正定，是将善心住于一处而不妄动。亦即所言、所行、所作都能表现到最恰当、最相应、最究竟的程度，也就是：凡事进入甚深境地者，为人处事有最完美的表达者，处世待人最圆融者，乃至生活中有禅的洒脱、幽默、看破者，都是证入三昧。

——《六祖坛经讲话·定慧品》

38

假如你有一点禅坐的功夫，盘腿静坐，就能让你的心明净下来。这时候，我们的理想、计划，就会明明朗朗、清清净净，就能懂得如何处理，明白人生究竟是怎么一回事。

——《星云法语·静坐的功效》

39

禅坐是一种心地功夫，除了腿子要软外，性情也要软，心地更要柔软。一个心地柔软的人，凡事容易感动，别人有恩于他，固然感恩；别人伤害了他，他也能慈悲包容，不起怨恨、嗔心。所以，心地柔软的人，就像海绵容易吸水，自然不会枯竭。

——《星云法语·心的四要》

40

禅修静坐的功用，从“毗卢七支坐法”的基本功夫，再经“九住心”⑤的用力，就可以让自己学习与困顿相处，接受自己，改变观念。当身心柔软下来，生活的意义就升华了，生命的境界也扩大了。

——《星云法语·静坐的功效》

41

我们看见世间上的“有”，那是缘起有；佛法说“空”，那是自性空。因为缘起有，故能显现自性空，所以说“空有不二”。色即是空，空即是色，即此义也。

——《迷悟之间·谈判高手》

42

世间上的人总是在“有”上求，有车、有子、有钱、有名等，其实“有”还是有限、有量、有穷、有尽。禅，是教我们从另外一个“无”上去思考，无欲则能刚强，“心无挂碍，无挂碍故，无有恐怖”，就能“远离颠倒梦想，究竟涅槃”。“无”不是没有，“无”是无限、无量、无穷、无尽。

——《星云法语·无的修行》

43

学佛要开放，要活泼，不要太呆板，太呆板就会失去宇宙奥妙的禅趣。禅是活活泼泼的，一扬眉、一瞬目，一投足、一言笑，都充满禅的风光。拥有一颗灵巧的心才能与禅相应。

——《人间佛教系列·禅学与净土·禅师与禅诗》

44

学禅，要有悟性，要灵巧，明白说，就是要有幽默感！古来的禅师，没有一个不是幽默大师。在幽默里，禅是多么活泼！禅是多么睿智！

——《人间佛教系列·禅学与净土·谈禅》

45

参禅，不是闭起眼睛打坐，稀里糊涂冥想。参禅人需要智慧，需要灵巧，心中要能包容万有，要能明善恶、定是非、辨邪正。如果连什么是好、什么是坏、什么是正道、什么是邪法都分不清楚，这种参禅不是参糊涂禅吗？辨正邪，不只是参禅人的专利。世人对于正邪不分、是非不明，不知权衡轻重，不能察知善恶，也算不得是正人、好人。

——《星云说偈》

46

参禅的人，法界在他心中，天堂、地狱也在他心中。心念一起，要为人服务，待人慈悲，内心无烦恼，本性的光明朗照晴空，就等于是佛、菩萨的世界。为了一件事不满意而起嗔恨心，奢求发财而起贪念，口腹多欲而贪食，这种贪、嗔、痴的地狱、饿鬼、畜生心相一表现出来，当然就会造作种种不如法的行为。

——《星云说偈》

47

参禅悟道，要学习观自在菩萨，常常观照自己在不在，这就是禅的精神。

——《星云大师讲演集·从六祖坛经说到禅宗教学的特质》

48

参禅修行，心闲了，才可以住山；心如果不能闲，就不能住山。闲生活就是把俗务放下，把世间是非放下。假如人在山中，心在闹市，还不如人在闹市，心在山中。如果心不能闲，住在山里也不会快乐。因此，人住在哪里都不是问题，心安住在哪里才是最重要的。

——《星云说偈》

49

参禅修行最高的境界是“无念”，无念的境界是什么？

（1）对过去的境界不要追忆，就是“修定”；

（2）对未来的境界不要幻想，就是“持戒”；

（3）对现在的境界不要贪着，就是“修慧”。

“无念”就是修“戒、定、慧”，在“无念”的境界里，对人没有爱恨，对境界没有贪着。能够“无念”，则生活里自能“随喜”“随心”“随缘”。

——《六祖坛经讲话・定慧品》

50

禅者观心，心中有佛；净人念佛，佛在心中。心中有佛，佛在心中，还怕人生会不圆满吗？

——《迷悟之间・观照一切》

51

禅者，非常洒脱自在，像没有系住的舟船一样，东南西北航行，不为人情事物所拘，只管把自性里明朗的般若光显现，不会去分别、计较。

——《星云说偈》

52

圣者，所以生活在真善美的世界，并不是一定要离开这个娑婆世界到另外一个净土，主要是空慧禅观一转，刹那是永恒，污秽是清净，烦恼是菩提，生死是涅槃。

——《开示》

53

活在世间上，难免有生活上的辛苦，心灵上的烦恼，种种折磨痛苦，真是无日无止。参禅学道就是要努力超拔，脱出烦恼苦海，进入菩提境界，千万不要因一念之差铸成大错。不能留得清白在人间，再回头已是梁柱倾、鬼号哭，什么都挽不回了！

——《星云说偈》

54

悟道后，所谓“真如界内，绝生佛之假名；平等慧中，无自他之形相”[⑥]。在般若大智慧里面，时空统一了，差别对待消融了，人我距离消失了，世间的学问知识转换为出世间的真理，执着的情感升华为对一切众生的大慈悲，心意不为苦乐所动，止恶向善的力量也就增强了。

——《佛光教科书·实用佛教·般若的妙用》

55

有我有你，即有对待，就是不空；有凡有佛，就有差别，不能平等。禅要从对待中平等，从差别中统一，那才是禅的般若。般若者，禅心也，光照大千，即禅之妙用。

——《开示》

56

修行“无我”，并不是没有“我”这个人，而是要我们摆脱有形对待关系的束缚，使自己安于无人我、无对待的境界中。能够“无我”，才能融入大众，才能“以众为我”，所以“无我”是悟道的根本。

——《佛光教科书·佛教问题探讨·教理》

57

般若的功用，是要我们去认清事情的真相，不要被假相迷惑而患得患失，禅也是这样。

——《佛光教科书·实用佛教·般若的妙用》

58

知识与悟道不同。知识是从分别意识上去认知，悟道是从无分别智上去体证。禅，也不是从枯坐默守中可以悟得；禅，仍然要经过分别意识到无分别智，才能见性。

——《星云禅话·画饼充饥》

59

修福的人，报感人天福报，虽然是可羡慕的，但一旦福报享尽，五衰相现⑦，仍不免生死轮回。故禅者不以世间荣辱为准，不以世间善恶为是，在荣辱善恶之外，以能会禅心为要。

——《星云禅话·是什么》

60

缘起、性空好像拳头，五个指头合起来成为一个拳头，这叫缘起；放下来变成手掌，就叫性空。说是性空吗？它可以成为缘起；说是缘起吗？它同时也是性空。你懂得缘起、性空，就懂得禅了。

——《六祖坛经讲话·般若品》

61

“平安自在到来日，闲静之时读禅经。”每个人虽都有自我宝藏，但需借助禅来表达，希望透过禅的智慧，点亮我们心灵的光明，千年暗室，才有通透的一天。

——《六祖坛经讲话·序言》

62

唯有通过对“有无”对待的妄执，才能透视到诸法“是无是有，非无非有，是可有是可无，是本有是本无”的实相。这种超越向上是禅家必经的途径，这种境界才是禅家的本来面目。

——《人间佛教系列·禅学与净土·谈禅》

63

心中有欢喜的人，到处是赏心悦目的景色；

心中有禅定的人，耳闻是八万四千的诗偈；

心中有佛法的人，面对是善人善缘的世界。

——《佛光菜根谭》

64

用忍耐的力量处众，用担当的力量负责，

用亲和的力量待人，用禅定的力量安心。

——《佛光菜根谭》

65

能够抛弃仇恨的刀剑，自能获得身心的自在；

能够卸下执着的枷锁，自能享受清凉的禅悦。

——《佛光菜根谭》

【注释】

① 外离相为禅，内不乱为定：《六祖坛经·坐禅品》卷一。

② 禅定三昧："三昧"的定义，即所言、所行、所作都能表现到最恰当、最相应、最究竟的程度，也就是：第一，凡事进入甚深境地者；第二，为人处事有最完美的表达者；第三，处世待人最圆融者，乃至生活中有禅的洒脱、幽默、看破者，都是三昧。

③ 从闻思修而入三摩地：《楞严经》卷五、《宗镜录》卷四十四、《缁门警训》卷八。

④ 魔来魔斩，佛来佛斩：《镇州临济慧照禅师语录》："尔欲得如法见解，但莫受人惑。向里向外，逢着便杀，逢佛杀佛，逢祖杀祖……"

⑤ 九住心：指修行禅定的九种次第，从散乱到安住、寂静等调心的成就。

⑥ 真如界内，绝生佛之假名；平等慧中，无自他之形相：《佛祖统纪》卷五十、《修习止观坐禅法要》卷一。

⑦ 五衰相现：天人于寿命将尽时，身体所现之五种衰亡相：花冠萎谢、衣着尘埃、两腋汗出、身体臭秽、不乐本座。

人到无求品自高

1

禅，不是理论，禅是生活。生活的衣食住行、行住坐卧都是禅。有禅，就会“法力无边”，在人人尊，在处处贵。有禅，就能开悟。开悟时，还怕前途不能无往不利吗?

——《星云禅话·最具魅力》

2

禅的本来面目，就是直下承担！当吃饭的时候吃饭，当修道的时候修道；当问的时候要问得重要，当答的时候要答得肯定，不可在似是而非里转来转去。

——《星云禅话·我也可以为你忙》

3

禅是静坐，禅也是活动。有时候参禅打坐是禅，经行跑香也是禅，甚至吃饭、睡觉都可以参禅。每天能够把心安住在当下，不为外境所动。不动心，生活里就有禅，人生就别有意境了，正是“平常一样窗前月，才有梅花便不同”[①]。

——《星云法语·何谓禅》

4

禅是非常实际的，穿衣吃饭不多不少、不忮不求，很不容易，完全视同无物更不容易。禅是讲受用的，精神生命上的受用，远比衣食生活上的受用来得重要。

——《人间佛教系列·禅学与净土·从衣食住行谈禅宗的生活》

5

禅最直接的方式，就是从生活上去实践，从衣食住行处寻个着落。可以说，一屈指、一拂袖，上座下座，无一不是禅。

——《人间佛教系列·禅学与净土·谈禅》

6

禅者的生活，无论做什么，都不假手他人，也不等到明天。“别人不是我”“现在不做，更待何时”。这是现代人应该深思的问题。

——《星云禅话·晒香菇》

7

禅，不能从世相世智上去看，要透过本质实相了解，如同微风是风，台风也是风，松树是树，柳树也是树。禅师们在日常弘法利生时，一举手、一投足，行住坐卧之间，往往很洒脱自在地呈现了人生的真义。

——《人间佛教系列·禅学与净土·从风趣洒脱谈禅宗的人物》

8

禅者在衣食住行的生活里是离不开作务的，如同鱼离不开水，树少不了土。生活作务是禅者的道粮，很多禅师都是在弯腰劈砍，直身挑担之间开悟的。要工作、要务实、要体验、要磨心志、要刮骨髓，人生不经过千生万死，不能体会万死千生，怎么能入道呢？

——《人间佛教系列·禅学与净土·从衣食住行谈禅宗生活》

9

禅者参禅的态度是尊天敬地，毕恭毕敬，绝不放弃任何一个机缘。他们以平常心来对待日常的生活，乃至以平常心来庄严未来的世界，都在当下心念的转换中提升。

——《人间佛教系列·禅学与净土·生命升华的世界》

10

禅者的日常生活虽然无所用心、自在洒脱，但是绝对不是放荡不羁、游手好闲。有许多禅师勤奋参学、素简守道的态度是令人十分敬佩的，他们不仅在搬柴运水时参禅，连举眉瞬目都不放过丝毫禅机，他们不会用参禅的借口懒惰、懈怠。

——《人间佛教系列·禅学与净土·生命升华的世界》

11

禅者，山中卧衲衣当被，和头裹瓠瓢作枕。离世隐居，物欲淡泊，不仅生活简单，而且爱物惜缘。一草一叶、一瓦一土、一字一珠，在禅者的手中都能活用起来，不随意浪费大地的一点资产。

——《人间佛教系列·禅学与净土·从教学守道谈禅宗的特色》

12

禅者，对工作和合分工，同道间参访互助，修持上严谨精勤，处众时上下平等，生活里朴素无华，心地中统一归真。

——《人间佛教系列·禅学与净土·禅与现代人的生活》

13

禅者，当看则看，当听则听，当说则说，当行则行。要自我尊重、自我肯定、自我坚持、自我规划，将一切动念意志，依八正道的人生观生活。能战胜自己的心，就能战胜一切。

——《星云说偈》

14

禅者的修行生活重在简单、随缘，无论山林水边还是闹市都会，只要双腿一盘，即可参禅。

——《佛光教科书·佛教问题探讨·宗派》

15

人到无求品自高。禅者，最大的特色就是无欲无求、无烦无恼。这种特色在云游参访时尤其明显，呈现了禅师清净超越的品格。衣食无沾滞，随缘放旷；行住是云水，自来自去。

——《人间佛教系列·禅学与净土·从衣食住行谈禅宗的生活》

16

参禅参得只顾自己不顾他人，不肯跟人结缘，不肯替人服务，没有与人结下善缘，日后就得不到帮助。有些人既不聪明才智高，也不能干，然而要风得风、要雨得雨，总是得道多助，靠的就是缘分。有的人才华盖世，一身机智灵巧，可是处处不如意，因为没有广结人缘，自然坎坷难行。如果每天贪名图利，在名利的贪嗔风波里浮沉，不能给人欢喜，别人也不欢喜你，生活怎么会快乐呢？

——《星云说偈》

17

参禅，参什么？学佛，学什么？念佛，念哪尊？学佛就是学自己，念佛就是念自心。如何找到自己？从佛像经书里，可以见到自己本来的面目；从花草沙石内，可以认识自己内心的世界；从拜垫禅椅上，可以坚守自己无限的生命；从人我是非中，可以体会自己真实的宝藏。

——《星云法语·找到自己》

18

真正的禅者，是能自我观照，反求诸己；自我实践，不向外求。自尊自律的无念生活，自然能使内心清净，无玷无染，如月映千江，如日处虚空。

——《六祖坛经讲话·前言》

19

过去的禅者，并不是每天只图安然，不做事情。一个禅者，能忙能闲，甚至在闲中能忙，忙中能闲。真正的禅者，禅堂里一坐数小时，下坐以后，田里的春耕秋收，一样的晨昏作息。有的禅者悟道以后，仍然讨单典座，有的请求服务耘田，像临济栽松、云门担米、仰山牧牛、赵州扫地、云岩作鞋、丹霞除草，他们把忙、闲打成一片，所以生活一切皆是禅也。

——《人间万事·禅心》

20

一个禅者的生活，是尽量将生活简单化、艺术化及单纯化。

所谓“一钵千家饭，孤身万里游；青目睹人少，问路白云头”[②]，这是多么洒脱自如的人生！

——《星云说偈》

21

禅在哪里？在佛心里，在法义里。禅在哪里？在大便里、在小便里，很肮脏、很委屈，但那就是我们的解脱世界！文偃禅师在大便里能乘凉，他那种洒脱、清凉的生活认知令人佩服。能有这种功力，才能安住在禅里。

——《对禅堂禅学僧开示》

22

离开了生活，固然没有禅；离开了作务，更无法深入禅心。自古以来，像百丈的务农、雪峰的饭头、杨岐的司库、洞山的香灯、圆通的知众、百灵的知浴、道元的种菜、临济的栽松、沩山的粉墙……处处都说明禅者非常重视生活。乃至禅宗六祖惠能大师，就是一个从生活中修行成功的人。惠能大师八月舂碓，亲自作务，实为他进入悟道的不二法门。

——《人间佛教系列·禅学与净土·禅与现代人的生活》

23

修行是在日常生活的行住坐卧中，在起居饮食的生活里，

李萧锟　绘

星云语录

一个禅者，能忙能闲，甚至在闲中能忙，忙中能闲。真正的禅者，禅堂里一坐数小时，下坐以后，田里的春耕秋收，一样的晨昏作息。有的禅者悟道以后，仍然讨单典座，有的请求服务耘田，像临济栽松、云门担米、仰山牧牛、赵州扫地、云岩作鞋、丹霞除草，他们把忙、闲打成一片，所以生活一切皆是禅也。

而不是刻意的标榜。标榜是一时的好看，禅心诗意，才能持之永恒。

——《对禅堂禅学僧开示》

24

修行度众，并非喊口号，必须在日常生活中身体力行。比方说，爱惜时间，时间也是众生，爱惜时间就是度生；爱惜金钱，不要奢侈浪费，进而节约勤俭，就是度生。和合众生、不挑拨离间、不诽谤别人的名誉，也都是度众生。

——《六祖坛经讲话·忏悔品》

25

修行，要老实修行；念佛，要老实念佛；行佛，要老实行佛；参禅，也要老实参禅。人间佛教在生活上只是表现一个禅性而已。

——《对禅堂禅学僧开示》

26

修行不是要离开社会，跑到深山找个寺院闭关，才有修行；也非衣着破旧，或不要家庭和财富的苦行才算修行。人生在世，哪一样东西不跟国家、社会、家庭、朋友有关系，所以人间佛教行者，在众生身上修，从心地上去学，与佛接心、与佛共愿，行佛之所行、做佛之所做，要将自我的修行落实，扩大心胸，与宇宙同在。好比虚空，不舍弃一物，才是人间佛教行者的胸襟。

——《星云说偈》

27

一个修行学道的人，即使不能完全离弃名利，至少也要淡泊名利。所谓“要做大事，不要做大官”，要多多为人服务，才有禅心。

——《星云说偈》

28

古来祖师大德，在作务劳动中参透禅关：维摩大士弘法于红尘里，庞蕴居士一家人悟道于俗务中，身居高位的裴休、杨亿在官场中一面运筹帷幄，一面参禅学佛。这些都是“热闹场中做道场”，练心、修心的典范。

——《星云法语·驭心》

29

不管修行哪一种法门，到了某一境界都会有瓶颈，如果能冲破，自然会再进步。实践人间佛教的行者，脚下的石头、荆棘虽然更多，但是只要经得起外境的考验，又何患道业不成？

——《开示》

30

佛门平日生活之常道，对一般人的生活也很有帮助，如：“早起未更衣，静坐一支香；穿着衣带毕，必先礼佛祖。睡不超过时，食不十分饱；待客如独处，独处如待客。寻常不苟言，言出必定行；临机勿退让，遇事当思量。勿妄想过去，须思量将来；负丈夫之气，抱小儿之心。就寝如盖棺，离床如脱屣；待人常恭敬，处有气量。”这就是禅者的生活。

——《星云说偈》

31

禅门不只要在安静中受教育，更提倡在劳动、劳苦中参学。所以，搬柴、运水是参禅，推磨、舂米也是参禅，砍柴、挑担无一不是在参禅，从劳苦里面慢慢体会禅的意义，品尝禅的法味。

——《人间佛教系列·禅学与净土·从教学守道谈禅宗的特色》

32

禅门里，许多禅师悟道之后，有的仍然芒鞋破钵地云游天下，有的仍然一笠一杖地行脚十方，有的在丛林里搬柴运水，有的在禅堂里参禅苦修。他们抛弃人间物质的享受，远离社会人情的安慰，过着忍辱作务的生活，他们实践了内心平和、宁静的悟道者的生活。

——《星云大师讲演集·从入世的生活说到佛教出世的生活》

33

禅门的生活十分简朴，不贪求尘世的一切物质。渴饮山泉，凉而甘美；饥食菜根，淡而飘香。对于一草一木、粗茶淡饭都非常爱惜。

——《人间佛教系列·禅学与净土·从教学守道谈禅宗的特色》

34

过去禅门大德们，搬柴运水、典座行堂、种植山林、牧牛垦荒，甚至米坊筛米、修鞋补衣等，都是生活中的修行。生活中的修行，就是要让自己做人无亏于天理，无负于人道。如一般人讲，做人要诚实、信用，要孝顺父母，要忠于朋友。能说到做到，培养自己的力量，慢慢就可以“心能转境”，自然就能发挥力量，而不至于“说时似悟，对境生迷”了。

——《普门学报·佛教对“修行问题”的看法》

35

禅师们常常不用语言，沉默相对，一默一声雷，在宁静悠远中气象万千，比什么语言还要响，还要多！

——《人间佛教系列·禅学与净土·从教学守道谈禅宗的特色》

36

禅师寂灭外缘，对境不起憎爱，朝向肯定的大道精进，声光幻影迷惑不了禅师的心。禅是将心常住于清净中，如实办道。

——《人间佛教系列·禅学与净土·从教学守道谈禅宗的特色》

37

禅师非常重视生活里的劳动和服务，从作务当中使肉身更坚强，让心志更纯一，如同利剑淬炼自烈火与寒水，禅师也是从心苦与身颓中超脱的。

——《人间佛教系列·禅学与净土·从衣食住行谈禅宗的生活》

38

崇信禅师曾以煎饼求道。隐峰禅师曾以推车度众。悟道后的禅师们，非但不以职业卑贱为耻，不以工作庸俗为念，反而可以从工作中，见到洒脱恬淡的生活。

——《人间佛教系列·缘起与还灭·
从入世的生活说到佛教出世的生活》

39

禅堂里，维那师父经常高喊："提起正念！"过堂吃饭时，维那师父也会唱诵："大众闻磬声，各正念！"就是提醒我们，二六时中[③]，要保持正念。正念可以对治妄念，医治我们的烦恼。有正念的人，会坚定信念，不断地重建自己，身常行善事，口常说善言，心常存善念。以身、口、意三业之正行、正语、正念，可以利益众生，增上菩提道心。

——《星云法语·自律箴言》

40

高峰禅师蜗居树上，人怜其衣食无着、身形垢秽。禅师说："我虽然没有剃发，但我身心已经清净；我虽然没有华衣美服，但已人格庄严；我虽然没有山珍海味，但食松实雨露如琼浆玉液，甚至山河大地、野兽鸟雀都是我的朋友。"这就是懂得生活的美学。

——《迷悟之间·生活美学》

41

"禅话"就是让人觉得幽默又有机智的语言。在一个团体中，常说禅话，可以化解紧张的气氛，增加生活的快乐；常说禅话，让严肃刻板的生活显得洒脱自在。所以，我们要常说欢喜的禅话，让别人喜欢与我们说话、印心。

——《星云法语·如何说话》

42

在受苦的时候，感到快乐；在委屈的时候，觉得公平；

在忙碌的时候，仍然安闲；在受责的时候，知道慈悲。

那就是体会出真正的禅心了！

——《星云日记》

43

安莫安于知足，危莫危于多言；

利莫利于喜舍，乐莫乐于禅悦。

这就是人间禅者的行持。

——《佛光菜根谭》

44

多少禅师因花开花谢，而参透禅机；

多少释子因日出月现，而悟道证果；

多少云水僧见青山绿水，而灭却心火；

多少行脚人看鸟飞鱼跃，而觅得自我。

只要用心留意，人生当能有一番境地。

——《佛光菜根谭》

45

学佛，主要是学自己，所以要向自己本心寻问；

学禅，主要是参自心，所以要向本来面目探究。

——《佛光菜根谭》

46

学禅，先要学惭愧，自知惭愧才有禅心；

修净，首须修恭敬，对人恭敬才有净土。

人间佛教不离禅净，惭愧自己，恭敬他人，

自他才能交集，佛道才堪成就。

——《佛光菜根谭》

47

以谦虚忍让养深积厚，在无求无得中，享有浩瀚三千大千世界；

以牺牲奉献融和人我，在泯除对待中，得到无量无边法喜禅悦。

——《佛光菜根谭》

48

禅修思想，是平常、平实、平衡的意境涵养——但尽凡心，别无圣解；

禅修内涵，是信心、道心、悲心的长养增进——不变随缘，慈悲喜舍；

禅修生活，是规律、简朴、惜福的用心实践——依戒生活，知足淡泊；

禅修精神，是承担、无畏、精进的落实行履——自心是佛，直下承担；

禅修运用，是生活、生趣、生机的权变妙用——触处皆道，机趣无限。

此即是人间生活禅的体现！

——《佛光菜根谭》

【注释】

① 平常一样窗前月，才有梅花便不同：《千家诗》卷三，宋·杜小山，《寒夜》：“寒夜客来茶当酒，竹炉汤沸火初红。寻常一样窗前月，才有梅花便不同。”

② 一钵千家饭，孤身万里游。青目睹人少，问路白云头：《景德传灯录》卷二十七。

③ 二六时中：指一昼夜，十二个时辰。

享有，但不一定要拥有

1

禅，是不见不闻的世界，然而生活在世间的人们离开世间的见闻觉知，如何求得禅法的门径？佛世时的呗比丘以感人肺腑的悠扬音声，阻止波斯王攻打邻国的计划；印度的马鸣菩萨以一曲自作自唱的《赖咤和罗》，使华氏城五百位王子悟道出家；吴承恩的《西游记》以“玄奘西行”的故事为经纬，流传六世纪之久，寓意深邃，雅俗共赏；铃木大拙以般若文字弘扬佛法，引起多少欧美人士的共鸣。凡此清凉六根，进而感动心灵深处，激发本有佛性的方式，何尝不是禅理的体现。

——《禅话禅画·序》

2

禅，是言语道断的世界，所谓“妙高顶上，不可言传，第二峰头，略容话会”[①]。禅的境界，固然无法言诠，但如果全然不说，一般人怎能领会禅门胜义？所以，千古以来，禅宗的祖师大德无不老婆心切，努力说禅，多少公案、语录也因此而流传后世，至今为佛子们所津津乐道。

——《禅话禅画·序》

3

禅是活泼的，只要能在参禅中，体悟万法皆空的法性，生活里，就会感受到“青青翠竹，总是法身；郁郁黄花，无非般若”②。因此，行住坐卧是禅，扬眉瞬目是禅。只要心领神会，人间哪里没有禅？

——《星云禅话·禅非一物》

4

禅，就是灵巧；空，就是灵巧；般若，就是灵巧；觉悟，就是灵巧。赵州禅师的“小便去”③，就是灵巧；古灵禅师的“有佛不圣”，就是灵巧。《六祖坛经》的“不是风动，不是幡动，是仁者的心动”，《楞严经》的“论心不在内，不在外，不在中间”，都是灵巧。

——《迷悟之间·学习灵巧》

5

禅，不是逞口舌之能。禅者没有成见，当赞美的时候赞美，当批评的时候批评，这都是禅的艺术。

——《星云禅话·怎能会得》

6

禅的本来面目是不垢不净、不增不减的。求道要像云水般自然，不必刻意向外营求，重要的是自我肯定，往内用心。心清净了，禅道便自然呈现。

——《人间佛教系列·禅学与净土·从教学守道谈禅宗的特色》

7

禅的里面，没有大小、长短、好坏，当然也没有输赢。禅的世界，是不争论的世界，是一个有规律、有次序的世界。

——《星云禅话·公鸡与虫儿》

8

看起来禅只是一个打坐，可是这一坐并不简单。这一坐，三千大千世界无边的法界，就在这一坐；这一坐，凡圣俱泯，人我双忘，身心脱落，仿佛回归自己本家一般。安然地稳坐于自己的法性之座，和十方诸佛同一鼻孔出气，遨游于法界性海之中，那真是无比自在的解脱境界！

——《六祖坛经讲话·坐禅品》

9

禅者的语默动静，另有一番深意；禅者的生活作息，别有一番境界。他们的机锋险峻，言行虽然朴素单调，但妙味无穷；他们的

李萧锟　绘

星云语录

禅，不是逞口舌之能。

禅者没有成见，当赞美的时候赞美，当批评的时候批评，这都是禅的艺术。

警策虽然严厉，但风度亲切，达观超凡。

——《星云禅话·谁是禅师》

10

禅者的人格，有自尊的一面，他们有时顶天立地，孤傲不群，有如龙抬头、虎相扑；但有时也非常自谦，有如龙退缩、虎低头。这正说明当进则进，当退则退；当高则高，当低则低。所谓进退有据，高低有时。龙为兽中之灵，虎为兽中之王。禅者乃人中之贤，以退为进，以谦为尚，不亦宜乎？

——《星云禅话·高与远》

11

有人问：“禅者有生死没有？”答曰：“禅者或有生死，但禅者在生死中非常自在。”赤裸裸地来，赤裸裸地去，面对生死，能从容放下，正恁么时，亦即是解脱自由了。

——《星云禅话·也是恁么》

12

天堂净土在哪里？在真正的禅者眼中，卑贱工作里有天堂净土，爱人利物里有天堂净土，化他转境里有天堂净土。天堂净土在禅者的心中，不在心外。

——《星云禅话·乞丐与禅》

13

禅者被冤枉，受了委屈，都是心平气和。像舍利弗被佛陀呵斥他受不净食，舍利弗即刻将所食之物吐出，并惭愧自己的粗心大意，诚心感谢佛陀的教导；寒山大师被误会挪用国库的公款整修寺院而被放逐边疆，他神色自若向师友告假，宛然要到远方旅行；神秀大师本来已是五祖弘忍的首座，但半路杀出六祖惠能，神秀禅师仍然欢喜承担，尤其在北方指导禅法时，一样赞叹南方的惠能。如果他不是在禅修的过程中得到平等心，何能有这么豁达的表现呢？

——《人间万事·禅心》

14

真正的禅者，他的看法和修养不是一般人的模样。须菩提甘愿被外道打死，飞锡禅师把生死当作游戏，普化禅师以游四门与人开玩笑的方式告别人间，德普禅师令弟子办斋祭祀，在享罢祭祀之后怡然长辞。生死是最苦的事，禅者却能嬉戏作乐，这不是禅心的力量而何？

——《人间万事·禅心》

15

禅者待人接物，秉着慈悲心、喜舍心，一切可以包涵，一切可以奉献。解衣推食，难住苦行，禅者都不放在心上。他们有的是“对境心不起，菩提日日长”[4]，有的是“烦恼海中为雨露，无明山上作云雷”[5]，以佛心待人，以禅法接物，处处显现禅者无染着的智慧风范。

——《人间佛教系列·禅学与净土·从衣食住行谈禅宗的生活》

16

一个真正的人间禅者，要头顶着青天，脚踏着大地，眼视芸芸众生，耳听苦难音声，把和平、幸福布满人间！

——《人间佛教系列·人间与实践·现代佛教四化》

17

禅者悟道的生活，就是过着“无”的生活，因为他们体证到“无”，所以没有人我是非，没有荣辱毁誉。过着如行云流水般云水行脚的生活，就是禅者最超然物外的生活。

——《人间佛教系列·缘起与还灭·从入世的生活到出世的生活》

18

禅者超越对待，超越根本与现象，因此，没有彼此、没有时空、没有来去、没有动静、没有大小，什么都是一如的，什么都是平等，都是超越的，故无烦恼，样样统一。这就是禅者逍遥洒脱的境界，也是禅者随遇而安的生活。

——《人间佛教系列·禅学与净土·禅堂的生活与清规》

19

禅者能自尊自重、定慧观照，纵然在最恶劣的环境中也能洒脱自如，不失庄严。因为有了禅，就有智慧观照，能看透随荣辱毁誉而来的欣喜与厌恶，而一切无所系念与执着，自然能走出一片清明洒脱的天空，这也是禅者参禅求道的高远境界。

——《人间佛教系列·禅学与净土·从风趣洒脱谈禅宗的人物》

20

禅者证悟的境界：

没有忧悲苦恼的情绪，没有得失成败的念头，

没有拘束障碍的困难，没有生老病死的恐惧。

——《佛教丛书·教理·学佛的次第》

21

禅者，惯用“置之死地而后生”的方法，紧逼至穷巷死角，让你身心如桶底之脱落，便能如同蛟龙之入潭，兴风作浪了。有时看似违逆的人情，正是禅的大机大用。

——《星云大师讲演集·生命升华的世界》

22

有人以为参禅的人，表面上不跟人比较、计较，好像是很憨直、愚痴，其实是大智若愚。禅者本无一物，天下、人我、世事

在他心中一晃而过，不过是一些现象而已。

——《星云说偈》

23

在禅者的心中，视功名如糟糠，视富贵如敝屣。他的价值观念不是名利，而是宇宙的真理。

——《六祖坛经讲话・顿渐品》

24

有时候，我们看那些禅者似乎没有大誓愿，没有好衣单，也没有好饮食，但不用为他们挂碍。他们那种自由自在，连佛祖都不做的胸襟，包含了天地宇宙，还有什么会放在心上的呢？

——《星云说偈》

25

我们所执着的人我是非，我们所懊恼的侮辱毁谤，在禅者悟道的胸襟里，不过是一场人间儿戏罢了。

——《人间佛教系列・禅学与净土・禅者云游与参访》

26

学佛，其实就是学自己，完成自己。禅者有绝对的自尊，大都有放眼天下，舍我其谁的气概。所谓“自修自悟”“自食其力”，就是禅者的风范。

——《星云禅话·求人不如求己》

27

学佛之人，如果有禅，不但为自己想，更为别人想，怎说禅者只重悟道，不重慈悲呢？

——《星云禅话·存财于信徒》

28

一般人认为最污秽的地方，禅师却能逍遥自在。因为他们的心洁净无比、纤尘不染，所以任何地方都是清净国土，住在任何地方都可以解脱。

——《人间佛教系列·禅学与净土·谈禅》

29

在禅师的心目中，花不一定是红的，柳不一定是绿的，他们从否定的层次去认识更深的境界。他们不用口舌之争，超越语言，因而有更丰富的人生境界。

——《人间佛教系列·禅学与净土·谈禅》

30

禅师们常常将其弟子逼到思想或意识领域的死角，然后要他们各觅生路。在这种情形之下，如果能够冲破这一关，则呈现眼前的是一片海阔天空，成佛见性就在此举。不要被别人牵着鼻子走，在修持上独立承担、自我追寻、自我完成，这是禅的最大特色。

——《人间佛教系列·禅学与净土·谈禅》

31

禅师说的话，往往离经叛道，可是他是对的；凡人说法，不敢有一字违背佛经，仍然是错的。禅师在屎尿中都能见到“道”的存在；凡人在佛殿三日三夜，也见不到佛。虽然禅师与我们吃同样的食物，呼吸同样的空气，然而禅师可以做的事，凡人未必可以做；禅师可以说的话，凡人未必可以说，这就是“证量”有无的差别。

——《佛教丛书·宗派·禅宗》

32

禅师从较高的境界来看世界，从差别中认识平等，从动乱中认识寂静。只要我们心中廓然寂静，热闹场中也可以做道场，就如同陶渊明所谓“结庐在人境，而无车马喧”的境界。

——《星云大师讲演集·禅师与禅诗》

33

禅师一悟道，心神清明，四海狼烟都平息，眼睛不乱看，耳朵不乱听，手不犯杀，口不妄言、两舌、绮语，自然再也不会去造业了。

——《星云说偈》

34

“贫！贫！贫！去年贫，犹有立锥之地；今年贫，锥也无。”禅师们安贫乐道，所谓“少一分物欲，就多一分发心；少一分占有，就多一分慈悲”。他们对于世间的一切，享有但不一定要拥有。例如，有的禅师，明天的午餐还不知道在哪里，他却说：“没有关系，我有清风明月。”有的禅师，皇帝请他下山，他不肯，只愿以山间的松果为食，与大自然同在。

——《迷悟之间·安贫乐道》

35

禅扬弃了既定的观念，在违逆的人情中，见至情至性的奇峰。禅师们对人间的教育，往往以无理对有理、以无情对有情，来显示其高妙的智能与深沉的慈悲。

——《星云日记》

36

参禅打坐久了，不但身心平衡、理念明净，也可以悟入人生的真谛。悟的境界，是心中呈现另一个无量无边、光明解脱的世界。久远过去的事情，会重新浮现在眼前；遥远以前的人和事，也都会慢慢地向我们集中靠近。所谓“认识了自己的本来面目”，懂得了人生究竟“为什么生”“为什么死”“从哪里来”“要去哪里”，明白人生真正的意义是什么，就能安顿身心，远离颠倒恐惧。

——《星云法语·静坐的功效》

37

参禅能够参得无求无着，熄灭种种妄想，便能见性成佛，和诸佛同一鼻孔出气。

——《佛教丛书·教理·真实的自我》

38

参禅修道者胸怀真理，才能宁静致远，才能超然物外。钱财虽没有别人多，心胸却比别人大；物质没有别人丰富，思想却比别人高超。这种内在的财富享受，对人生的因缘际会，有宽广深远的影响。

——《星云说偈》

39

学道者应具有的风仪是：光风霁月的修养、海阔天空的心胸、端庄美妙的仪行、玉振金声的言辞。如此自能断绝是非，去除纷杂的人我烦恼。

——《星云说偈》

40

真正修行的人，身披精进的铠甲，手持智慧的宝剑，统领六度的大军，杀除烦恼的贼寇。表相并不重要，有道才重要！

——《星云说偈》

41

听明白后，要融会于心，那是理解；见到什么，要体会实践，那是修行。修行的深浅，不可言说，如人饮水，冷暖自知。

——《星云禅话·圆融之道》

42

禅悟是脱胎换骨的境界，不是有限的语言所能说明的，不是有形的现象所能诠释的。如果以常识的妄执去知解禅境，仿佛雾里观花，无法参透禅的本来面貌。因此，要了解禅的境界，须具备实际禅定的功夫。

——《人间佛教系列·禅学与净土·禅与文人》

43

悟道，如同睁开了智慧的眼睛，走在人生的大道上，途中的山山水水、花花草草，都会伴随我们走向前程。看到宇宙的万有、社会的万象，心中自然也会如同有了一面明镜般，能够看清、明白、了然于心。这不只是看到外相，而是看到宇宙世间的来龙去

李萧锟　绘

星云语录

参禅修道者胸怀真理，才能宁静致远，才能超然物外。钱财虽没有别人多，心胸却比别人大；物质没有别人丰富，思想却比别人高超。这种内在的财富享受，对人生的因缘际会，有宽广深远的影响。

脉、前后关系，那将是何其美妙的开悟世界啊！

——《迷悟之间·开悟》

44

禅门的人，看到花开花谢，悟到世间无常；见到父母打骂儿童，悟到人生是苦；看到人我是非斗争，悟到自他平等；看到诸法万有都无实性，悟到苦空无常皆有因缘。我们能够明白万法皆空，空中有无限的妙有，就能开悟。

——《迷悟之间·开悟》

45

禅门悟道，最忌聪明分别。在禅的世界里，真的假不了，假的不会真。悟道的斤两有多少，遇到明眼人，怎样也瞒不了。

——《开示》

46

悟道，就等于从黑暗里面，忽然见到光明；从迷惘里面，忽然见到真实。过去是错的，现在是对的；过去是非的，现在是是的。

——《六祖坛经讲话·行由品》

47

所谓“开悟”，就是要明白自他关系、明白因缘条件、明白时空未来、明白万有同源。要把宇宙人生的问题，都能了然于心，甚至把人我、自他的关系，都能处理得平等、和谐，都需要悟道的功夫。

——《迷悟之间・开悟》

48

悟道的人，在悟的那一刹那，真是天崩地裂、山摇地动，不但过去的迷妄粉碎了，自己与宇宙虚空融为一体，现前的更是另有一番新的风光，是另一个真实恒常的世界。

——《六祖坛经讲话・行由品》

49

在悟道者的世界里，任凭怎样卑屈的工作，他也不认为下贱。因为工作是神圣的，为众生服务更是责无旁贷的。

——《六祖坛经讲话・行由品》

50

悟道的人，本身对众生、对真理，有一种责任；悟道的人，觉得自己有力量来担当；悟道的人，不但不向佛菩萨祈求消灾、增福，甚至求菩萨把一切众生的苦难让他来担当。为什么？有信心的人，就有力量。对悟道的人来说，东南西北都是安乐的净土。

——《六祖坛经讲话・行由品》

51

悟道以后，好像回到故乡，寻得人生的归宿，马蹄嘚嘚响，一路芬芳清美的落花，连马蹄都含香。悟道以后，连说话都芬芳了，万事万物都美善了，人生忽然天高地迥，心胸如宇宙无极，世间变得如许舒坦。

——《星云说偈》

52

禅宗有一段开示的语言，说明一个人从愚痴而到达觉悟，其过程就如“大死一番”。此即说明，在生命的流转里，除了真心以外，我们的习气、烦恼、无明，必须经过多生多劫，千生万死、万死千生，才能慢慢超脱。就以现实一期的生命来说，也有许多的陋习、私心、执着，没有大死一番，便无法重生。

——《迷悟之间·大死一番》

53

明心见性的人，对一切境尽是乐境，一切处无非西方，一切时悉皆解脱自在。

——《佛教丛书·教理·真实的自我》

54

还没有达到开悟的境界，就强要摭拾开悟者的皮毛，画虎不成反类犬。佛性是超越一切的，要截断两边，不思善、不思恶，才真见性。

——《佛教丛书·教理·真实的自我》

55

明心见性的人，了知万法不离一心，所以能不惑于外相的变迁，能不受时空的限制，住于如如不动的佛性中，把握自己的立场，认清自己的价值。

——《佛教丛书·教理·真实的自我》

56

明心见性之后，前面的世界，固然灿烂风光；后面的世界，一样辽阔深远。当仁不让，固然可以领导群伦；谦冲自牧，更可以认识自己。举一反三，固然可以进步神速；脚踏实地，更可以站稳步伐。犀利辩才，固然可以慑人以威；忍苦耐劳，更可以服人以德。

——《佛教丛书·教理·真实的自我》

57

实性不可以言说，不可以分别，实性就是我们的法身慧命。法身遍满虚空，充塞法界，无所不在，无处不有。这不是哲学上的理论，不是知识上的分别，完全是一个修证的境界。

——《六祖坛经讲话·护法品》

58

实性是我们的本来面目。我们与诸佛如来之所以能够并肩而坐，就是自性平等。平等的自性，就是实性。实性是“处凡愚而不减，在贤圣而不增，住烦恼而不乱，居禅定而不寂”。

——《六祖坛经讲话·护法品》

59

“清净心体”，就是一种不动摇、无差别的自性。是虽处生死，不受生死所转的佛性；虽在尘劳，不受尘劳染污的佛性。佛性没有得失、增减、染净，此即“在圣不增，在凡不减”。

——《六祖坛经讲话·护法品》

60

我们的佛性遍一切时，尽一切处。因此，明心见性的人不逃避人间的苦乐，而视苦乐为锻炼自己意志的“试金石”。

——《佛教丛书·教理·真实的自我》

61

禅门一千多则传灯的故事，不但玄奥，而且美丽。那些禅话里，处处都说明了禅者从矛盾中，如何统一见解；从差别中，如何融合思想；从分离中，如何相依精神；从人我中，如何相通两心。

——《人间佛教系列·禅学与净土·禅与现代人的生活》

62

在佛门里，有许多大德高僧，他们对于死亡的看法，认为生要欢欢喜喜而来，死也要欢欢喜喜而去。因为来来去去、生生死死，无有休止。从历史上看一些禅者，有的田园荷锄而亡；有的自我祭拜而终；有的吹箫奏笛，泛舟而逝；有的东门西门，向亲友告假而去。所谓“来为众生来，去为众生去”，来来去去，根本就不用挂怀。

——《迷悟之间·生死泰然》

63

免疫力，浅显一点说，就是一种抗体，能抵抗外物的侵入。在佛教里，如地藏王菩萨能到地狱度众生，不为地狱所染，因为他具有免疫的抗体；像观世音菩萨能自由自在地游诸国土，不怕邪魔侵扰，反能救苦救难，因为他免疫的抗体很强；像维摩居士能入酒肆淫舍度众生，也因为他自身具有免疫力。一个禅者在十字街头教化，如果不能无动于心，不具备抗拒外界干扰的功能，如何能成为一个禅者呢？

——《迷悟之间·免疫力》

64

善慧大士一家的“坐化立亡”，王打铁在火炉边的“站立往生”，丹霞禅师觉悟“考官不如考佛”而剃度等，他们能够“拥有”，也能“空无”；他们在功名富贵、穷通得失之间，都不忘自在，这就是豁达人生。

——《迷悟之间·豁达人生》

65

傅大士善慧说：“空手把锄头，步行骑水牛。人从桥上过，桥流水不流。”这是不合情理的描述语句，完全是在与迷妄的分别意识挑战，以破除一般人对知识的执着，扫除迷妄分别的世界，使人进入一个更真、更美、更善的心灵境界。

——《人间佛教系列·禅学与净土·谈禅》

66

知足乃无上财宝，富上大师故意前往无人的地方化缘，大梅法常禅师以松花为食、以荷叶为衣，乃至古来多少仁人君子，只求生活能温饱就好，他们并非不知钱财物质的宝贵，只是不想被欲望所役使罢了。

——《迷悟之间·知足与能忍》

67

有禅心的生活，虽然没有冷暖气的设备，但是热情的太阳暴晒着我，清凉的和风吹拂着我，天上的明月、地下的繁花任我欣赏，峻峭的崖壁、幽静的溪谷随我遨游。这山河大地的一切，莫不属我所有。我拥有了整个宇宙虚空，一片云彩、一粒沙尘，都蕴藏我全部生命的喜悦，世间上还有什么比拥抱全宇宙更富有的事呢？

——《星云大师讲演集·如何增进人生的幸福》

68

有了禅，我们的生活烦恼会减少，对事情的看法不会颠倒，很多矛盾、差别的现象也可以统一起来。有了禅，一身如云水，悠悠任去来。穷也好、富也好，有也好、无也好，看透梦幻空花的尘世，得到大解脱自在。

——《人间佛教系列·禅学与净土·从教学守道谈禅宗的特色》

69

有了禅，我们在世间上没有恐惧，连生死都不畏惧了。有了禅，心中就有了定，就有力量。当脑波在禅定里凝聚集合，接收感应的时候，自然容易心想事成，在禅的功夫之前无有不办啊！

——《星云大师讲演集·从教学守道谈禅宗的特色》

70

有了禅的素养，即使是一句难堪的言语、一个尴尬的动作、一段不悦的往事，在禅的洒脱、幽默、勘破、逍遥之中，一切都会烟消云散。

——《六祖坛经讲话·前言》

李萧锟　绘

星云语录

知足乃无上财宝，富上大师故意前往无人的地方化缘，大梅法常禅师以松花为食、以荷叶为衣，乃至古来多少仁人君子，只求生活能温饱就好，他们并非不知钱财物质的宝贵，只是不想被欲望所役使罢了。

71

所谓涅槃，就是转娑婆世界为净土。真正的涅槃，就是无我而完成真我，无执而放旷一切。

——《六祖坛经讲话・机缘品》

72

有人问，涅槃了以后，安住在哪里？随遇而安、随缘生活、随心自在、随机应化。

——《六祖坛经讲话・机缘品》

73

有情说法可以用耳朵来听，无情说法必须用心去领会。其实在我们的生活，无情万物无一不是在跟我们说法：春花秋月固然让人赏心悦目，鸟叫虫鸣一样令人感动于心。赵州茶，是赵州禅师用茶在说法；云门饼，是云门禅师用饼在说法。晨钟暮鼓、铛铪鱼磬，哪一样不是在对我们启示、说法呢？

——《迷悟之间・无情说法》

74

有情⑥说法，我们都听得懂；无情⑦说法，其实更是美妙好听。天空的白云飘飘，江河的流水滔滔；春去秋来，岁月如梭，花开花谢，时光荏苒。我们的周遭，我们的每日生活里，哪一样不是无情在对我们现身说法呢？禅师竖起了拂尘说：“你懂吗？”如果懂得拂尘竖起来的意义，那就是开悟了！禅师指着庭外的柏树子说：“你会吗？”如果你会的话，当下就是一位禅者了！可惜，空谷回声、天籁和鸣，不容易懂得。假如我们除了听懂有情的说法之外，还能会得无情的说法，那就大事都解决了！

——《迷悟之间·无情说法》

75

我看花，花自缤纷；我见树，树自婆娑；
我览境，境自去来；我观心，心自如如。
这就是禅心的世界。

——《佛光菜根谭》

76

生活中的禅心，可以相互交流，和谐群我；
生活中的禅心，可以彼此欣赏，怡乐自他。

——《佛光菜根谭》

77

所谓“丈夫自有冲天志，不向如来行处行”[8]，一个禅师，他不依圣言量，不拾人牙慧；他直指本心、见性成佛。这是一种“心行处灭、言语道断”[9]，泯除一切世俗名言框架的潇洒自在，是一种“任凭天崩地裂，且奈我何”的自我肯定。

——《星云法语·禅的修行》

78

所谓“竹密不妨流水过，山高岂碍白云飞”[10]，解脱的人，如潺潺的流水，再茂密的竹林，也不妨碍流水的经过；如同山顶上那片白云，再高的峻岭，也挡不住它的飘行。因为它来去自如，好像一个禅者的心境，那么潇洒自在。

——《星云法语·禅的譬喻》

79

所谓“万里无云万里天”，意指没有云的地方，天就会显现。解脱者，就像一片蓝天，不让烦恼绊住，没有无明束缚，就是世间尘劳也系不住他，一切都不会挂碍于心。

——《星云法语·生活的解脱》

【注释】

① 妙高顶上，不可言传，第二峰头，略容话会：《真心直说》卷一：“妙高顶上，从来不许商量；第二峰头，诸祖略容话会。”

② 青青翠竹，总是法身；郁郁黄花，无非般若：《景德传灯录》卷六：“越州大珠慧海禅师者，建州人也，姓朱氏……马鸣祖师云：‘所言法者，谓众生心。若心生，故一切法生；若心无生，法无从生，亦无名字。’迷

人不知法身无象，应物现形，遂唤青青翠竹总是法身，郁郁黄华无非般若。”

③ 赵州禅师的“小便去”：有人问赵州禅师：“如何开悟？”赵州禅师不但不回答，反而撇撇嘴走开：“我要小便去了！”走了几步又回头说，“你看这点小事都要我自己去，谁也代替不了”。

④ 对境心不起，菩提日日长：《六祖坛经·机缘品》。

⑤ 烦恼海中为雨露，无明山上作云雷：《圆悟佛果禅师语录》卷四。

⑥ 有情：指人类、诸天、饿鬼、畜生、阿修罗等有情识者。

⑦ 无情：谓山川草木等无情识者。

⑧ 丈夫自有冲天志，不向如来行处行：《古尊宿语录》卷四十二，《宝峰云庵真净禅师住筠州圣寿语录》。

⑨ 心行处灭、言语道断：《大智度论》卷二、《缁门警训》卷四。

⑩ 竹密不妨流水过，山高岂碍白云飞：《圆悟佛果禅师语录》卷六。

一念之间，圣凡立现

1

“阿弥陀佛”是梵文音译，中文的意义是无量寿、无量光。有以下几点含义：

（1）阿弥陀佛是真理：“光”无处不在，超越空间；“寿”绵长无限，超越时间。什么能超越时空而存在？只有真理。“阿弥陀佛”就是真理、法身、慧命的化身，因此，念佛可以使我们一步步走向真理。

（2）阿弥陀佛有无限的力量：“无量光”象征阿弥陀佛在空间上如同丽日普照，无远弗届，光芒四射，恒常不变。阿弥陀佛度化众生的慈悲也是绵延不绝，所度的众生更是无涯无际。“无量寿”则代表阿弥陀佛在时间上，生命亘古常新，不生不灭。

（3）念阿弥陀佛能福慧双修：“无量光”是智慧，“无量寿”是永恒的生命，故念佛不仅是修福德，更是修智慧。

（4）念阿弥陀佛能了生脱死：“无量光”是空间无边，“无量寿”是时间无限。能使时空无限、无边，就能超越时空，了生脱死；就能转迷成悟，跳出生死轮回的苦海，超脱森罗万象的迷障，进入光明自在的涅槃净海、极乐净土之中。

——《如是说》

2

阿弥陀佛四个字，包括了恻隐、感激、关怀、亲切、正义等深意，甚至可消灾延寿，增福添慧。

——《人间佛教系列・佛教与生活・身心安住的家园》

3

念佛并非出家人的专利，而是每一个人的权利。佛教始终有一个伟大的观念“人人皆可成佛”，就是这个道理。因此，不论从事什么行业的人，都可以借念佛的修行，求得身心的自在安住。

——《人间佛教系列・佛教与生活・身心安住的家园》

4

念阿弥陀佛四个字是很容易的，但要念得四大皆空、念出感应、念出成就，却不容易。对于净土法门，你真的相信吗？念佛可以往生西方极乐世界，你真的相信吗？所以，念佛是一个易行难信的法门。

——《星云说偈》

5

念佛不光是口头念，主要的是三业相应。三业，就是身、口、意。口中阿弥陀佛的佛声清清楚楚、绵绵不断，身体则端正合掌礼拜、打坐，心里忆念不忘。三业相应，才能感应道交，念佛才会有效果。

——《星云说偈》

6

念佛若想获得感应，首先要培养自己的信心，对极乐世界、对阿弥陀佛接引往生西方，信其真实不虚。信仰愈是真实，结果也就愈真实。

——《星云说偈》

7

念佛不一定要用念珠，眼见的每一个人、每一棵树、每一块田地、每一栋房子、每一根电线杆都是念珠，一切人、事、物都是阿弥陀佛。

——《星云日记》

8

心不散乱，就能感应道交；若是以散乱心来念佛，“喊破喉咙也徒然”，最多只能获得一点福德因缘，不能往生净土。所以，我们要老实念佛，不要以散乱心念佛，徒然落了个表相。

——《星云说偈》

9

念佛不是求死，而是求生。念佛往生，不是一世生命的终结，而是求得无限生命的延续。

——《星云日记》

10

俗语说："精诚所至，金石为开。"念佛要念得有功夫、念得忘我，如滚开的水，念得冒出热汗，如此纯熟自然能克期取证。

——《星云日记》

11

念佛必须做到：

三到：口到、耳到、心到。三要：信心、愿力、行持。

三声：大声、小声、心声。三业：身拜、口念、意想。

三法：持名、观想、实相。三时：平时、忙时、亡时。

——《星云日记》

12

世俗的痛苦，莫过于死别。我们念佛也要抱持如此的心情，仿佛自己亲爱的人死了，以那极度哀伤悲泣的音调，称念："阿弥陀佛！阿弥陀佛！"也好比失去依怙的孤儿找寻依靠一般，悲切地称念佛名。

——《人间佛教系列·宗教与体验·从佛教各宗各派说到各种修持的方法》

13

许多人常怨叹没有时间念佛，其实并非没有时间，而是念佛心志不坚定。有时间做事业赚钱、吃饭、睡觉、旅行、游玩，却没有时间念佛。事实上，所做的事业、所赚的钱都不是自己的，一旦撒手，灰飞烟灭，唯有念佛的功德才是自己的。世人愚痴，不知道进修，倒反而计较、争逐，沉迷执着地去追求物质生活，这样怎么能快乐呢？

——《星云说偈》

14

（1）"大声"念佛是大声地诵念佛号，让阿弥陀佛的无边功德加护身心，将无谓的烦恼杂念去除，念念弥陀圣号，便能往生极乐世界。

（2）"小声"念佛是在平时的进退行止之间，譬如走路举步、言笑寝食等日常生活中，轻轻称念佛号。

（3）"心声"则是在家庭、学校等不便说话或开口的公共场所，乃至一切地方，随时随地将佛号默念于心，念念不离心。我心就是弥陀，如此必可扩大自己的身心与弥陀合而为一。

——《人间佛教系列·佛教与生活·身心安住的家园》

15

现在有些念佛的人，言行不符，嘴上念阿弥陀佛，心里打妄想；身体在礼佛打坐，内心却杂念纷驰；还有些人只是耍嘴皮子，口念不用心，内外不一，当然不会得到福报。

——《星云说偈》

16

念佛的方法：

（1）心念佛真正好，（2）时念佛早晚到，

（3）清念佛身口意，（4）恩念佛人格高，

（5）福念佛能如愿，（6）根念佛样样好，

（7）天念佛定期证，（8）正念佛无差误，

（9）品念佛莲华开，（10）愿念佛万行足。

——《星云日记》

17

有人或许会疑问：阿弥陀佛只是一句老太婆称颂的佛号，有什么力量呢？有人问一位法师："'阿弥陀佛'这四个字，真有这么大的力量吗？"法师一听，对着问话的人一骂："混蛋！"这个人被骂

得莫名其妙，大声责问："你怎么可以骂人呢？"法师笑道："你看，混蛋才两个字，就有这么大的力量，足以改变你的心境，阿弥陀佛四个字，怎么会没有力量呢？"

——《人间佛教系列·佛法与义理·佛教对知见的看法》

18

仔细思考，我们从无始以来，就沉沦在生死大海之中，头出头没，永无出期，遍历轮回之苦，或牛胎马腹，或披毛戴角，或地狱饿鬼，火汤血池、刀山剑树，受尽无量的痛苦，什么时候才能出离呢？在痛苦的深渊里，只有仰赖阿弥陀佛慈悲救拔，才能脱离苦海，跻登极乐国土，怎能不感激涕零呢？如此悲悲切切的念佛，心很容易就能和阿弥陀佛的心相应。

——《人间佛教系列·宗教与体验·从佛教各宗各派说到各种修持的方法》

19

念佛之乐与世间之乐不可相比拟，有五种差别：

（1）动乐与静乐：平常忙碌中的快乐，是属于动乐。把身心投注在一句阿弥陀佛的圣号里，是静的快乐。

（2）忙乐与闲乐：忙碌之余，也要为自己制造一些空闲的时间。只要不忘记阿弥陀佛的圣号，在空闲时分，提起正念，会带来安详充实的快乐。

（3）众乐与自乐：面对别人快乐，要有随喜心。有的人看到别人快乐，会心生苦恼，这样的嫉妒心理，将失去与人同乐的快乐。一句弥陀圣号里，没有人我是非、没有得失杂念，当下就是净土。

（4）外乐与内乐：根尘的快乐是短暂的。念佛时自然从心中涌出法乐，找到内心的宝藏，则是恒常的快乐。

（5）世乐与法乐：世乐只是功名富贵，在念佛和佛法中体认的快乐，是与阿弥陀佛同证真理的快乐。

——《开示》

20

所谓“念兹在兹”，念佛的力量很大，念佛、念法、念僧、念戒。总之，念善的、念好的，念什么就会像什么。一个念头虽然很小，但是发挥的力量大如天地。

——《人间万事·力的功用》

21

青年人念佛的意义何在：

（1）是力量的依靠：现在的青年心性脆弱，必须要有大力量作为依靠，而念佛能作为力量的依靠。好比一个人缺少了什么，会向母亲要；受了委屈，向母亲说；遇到困难，母亲是靠山。阿弥陀佛就像慈母一样，不管多么不肖的子女，做母亲的绝不会舍弃他；无论罪业怎么深重，阿弥陀佛绝不会舍弃我们。

（2）是智慧的引导：青年人欠缺知识、智能、经验，而阿弥陀佛正是真理、智慧、光明。称念阿弥陀佛，能够开发我们的智慧，解开心结，了达世事。

（3）是恶习的良医：青年人容易起贪念、嗔恚、嫉妒、懈怠……所以要念阿弥陀佛。阿弥陀佛是无上医王，身体上的病要就医，而心理上的病，阿弥陀佛可以帮我们治疗。只要我们诚心诚意，阿弥陀佛会把我们的知见恶习改正。

（4）是心灵的净土：青年人平日容易妄念扰乱、心无所住，茫茫人海中不知将心安住何处。其实，并不是老年人求生净土才要念阿弥陀佛，年轻人更要行解并重，真心诚意将一句阿弥陀佛念好，将心安置在阿弥陀佛的圣号中。少说一句话，多念一声佛，用佛号来探究本来面目，创造心灵的净土。

——《开示》

22

有些人夜间走路害怕神鬼，步步惊魂、胆战心惊，会唱起歌来壮胆，有了歌声陪伴，走在暗路上自然就不怕鬼影幢幢了。连歌声都有如此力量，何况是称念阿弥陀佛的洪名圣号呢？

——《人间佛教系列·佛教与生活·身心安住的家园》

23

古德说："念佛如同救命船。"意思是，人的业障好像一块大石

李萧锟　绘

星云语录

所谓『念兹在兹』，念佛的力量很大，念佛、念法、念僧、念戒。总之，念善的、念好的，念什么就会像什么。一个念头虽然很小，但是发挥的力量大如天地。

头，放到水里，马上就沉下去了；放在船上，不但不会沉，反而能够渡越千顷波涛。我们纵有深重罪业，只要一心向善、一心念佛，有了救命船，就可以带我们到西方极乐世界，再慢慢修行、开悟、证果。

——《星云说偈》

24

一早起来，心如朗朗晴空一尘不染，逢人一声阿弥陀佛，正象征“一日之计在于晨”的积极精神。有客人来访，为了表示欢迎，也念一声阿弥陀佛，无形中给对方“宾至如归”的亲切。客人要告辞了，一声阿弥陀佛，代表道别和离情。有人馈赠厚礼，不知道用什么话来感激对方，一声阿弥陀佛，表达了无限谢意；看见有人不小心跌倒了，前去扶助也称念一声阿弥陀佛，表示真诚的关怀；看到不喜欢的人，把原来对他的厌恶口气，转而称念阿弥陀佛，可使自己逐渐有修养。一句阿弥陀佛真是功德无量。

——《人间佛教系列·佛教与生活·身心安住的家园》

25

人的一生，荣华富贵终究会舍我们而去，亲情财富也会离我们而去，但是，佛菩萨永远不会舍弃我们。信仰阿弥陀佛的大愿力，可以得救，可以让我们前往永恒真实的解脱世界。

——《人间佛教系列·佛教与生活·人生十问》

26

“一寸光阴一寸金，劝君念佛早回心。”光阴似箭，日月如梭，浮生有限，时间宝贵，人生有多少光阴可以虚掷？想想无常的苦空，莫如早早回心转意念佛！

——《星云说偈》

27

时下有一些人，虽然念佛多年，钱财给人家倒闭了，就怪阿弥陀佛没有保佑他。他念佛是为了要保护自己的财产，然而从因果法则来看，钱财被人家倒闭了，是源于贪心，或是由于高利贷的交易，怎么能发财呢？阿弥陀佛并不是你的财务经理、保险公司啊！

——《六祖坛经讲话·行由品》

28

“无念”就是不执着。佛教讲“法无定法”，就是不执着有，也不执着无。“无”就是无限、无量、无边。“无念”不是什么都不念，所谓“不念而念，念而不念”，无念才能真正拥有更宽广的净土世界。

——《六祖坛经讲话·定慧品》

29

我们的烦恼很多，烦恼主要来自于妄想杂念。假如我们能一心念佛，让一句句阿弥陀佛、观音菩萨的佛号在心中持续不断，就会达到一种无念的境界，就能去除烦恼，这就是以正念来对治妄念。

——《星云法语·如何观照》

30

如果我们牵系于声色犬马，心自然随之浮沉不定。如果我们热爱生命甚于声色犬马，那么光怪陆离的浮世又怎能奈何我们？同样地，面临大限之期，修持净土法门的人，能够一心不乱系念于佛号之上，由于畏死心力猛健，超过累劫所积聚的力量，自然得以往生极乐国土。

——《星云大师讲演集·谈心的秘密》

31

念佛一支香，身心合一，浑然忘我；
禅坐一炷香，人格升华，自在洒脱；
礼佛一百拜，业障消除，轻安无碍；
虔诵一卷经，视野开拓，法喜充满。

——《佛光菜根谭》

32

有一个小孩一直呼唤他母亲："妈妈！""嗯，什么事？""妈妈！”“做什么？”“妈妈！”“什么事？说呀！”他母亲不耐烦了，很不高兴地骂：“叫什么叫！烦不烦呀！”孩子反问：“我只叫了几声，妈妈就不耐烦了，你每天阿弥陀佛、阿弥陀佛地念个不停，阿弥陀佛不会讨厌吗？”阿弥陀佛当然与人不同，母亲虽有爱护子女的心，但有时难免会生怨嗔。而佛是没有嗔心的，佛是依愿力要我们称念的，依称念的诚意，而与佛心相应。虽说是念佛，倒不如说是念我们自己的心来得恰当。

——《星云说偈》

33

念佛求什么？

（1）求佛力感应，更要求自我的体验。

（2）求自己快乐，更要求大众的欢喜。

（3）求世间富贵，更要求内心的法财。

（4）求色身延寿，更要求永恒的慧命。

——《开示》

信仰愈是真实，结果就愈真实

1

净土中的生活是安乐的生活，一切都能随其所需、随心所欲。因为过去曾与人结缘、播种，所以在净土中的生活，一切资源都会自然而来。每天在真理中过着欢喜的生活，在禅悦中过着轻安自在的生活，在智慧般若海中享受快乐幸福。

——《人间佛教系列·禅学与净土·净土思想与现代生活（一）》

2

世间的人，每天心灵上的负担真是沉重，国家、社会、家庭、夫妻、子女、朋友，都是心里的负担！假如能够放下，就是清凉世界。

——《星云说偈》

3

日常生活中，许多人习惯与人计较、比较，心中充满猜疑、愤恨，整天被贪嗔愚痴或烦恼忧伤所系缚，就像生活在地狱里那么痛苦不堪。如果我们能够时时保持一颗明净的心、开阔胸怀、包容一切，使心念趋向正道，当下就是活在天堂里。成佛希贤，端赖一心；堕落轮回，系乎一念。一念之间，圣凡立现。

——《佛光教科书·佛教问题探讨·宇宙》

4

有句话说，心中有佛，人人皆佛；心中有鬼，处处皆鬼。创造心里的净土世界，提高内心的生产质量，是很重要的。

——《人间佛教系列·缘起与还灭·从世界的起源到世界的还灭》

5

人人都能具备一颗平等包容的佛心，时时施予慈悲喜舍，那么净土便无处不在了。

——《人间佛教系列·人生与社会·从天堂到地狱》

6

心灵净化之方：

世界最美好的东西不外“欢喜”，故用欢喜心来做事，无不成就。

世界最珍贵的东西不外“结缘”，故用结缘观来待人，无不成全。

世界最持久的东西不外“忍耐”，故用忍耐力来处众，无不成效。

世界最坚固的行为不外“愿力”，故用愿力行来工作，无不成事。

——《佛教丛书·艺文·星云法语》

7

有的人虽然着重在每日拜佛多少、念佛多少，但是内心净化了没有，他可不管。很多拜佛、念佛几十年的人，心里的贪嗔烦恼、自私怨毒比别人更多。所以，真正的修行要能内外一如，形式、精神同等重要。

——《人间佛教系列·佛教与生活·生活与修持》

8

“心灵净化运动”就是要美化心灵，点亮我们心灵的灯光，清除我们心灵的污垢，建设我们心灵真、善、美的净土。心里能够净化，世界自然能美化，自然能呈现清净、祥和的气氛。

——《星云法语·如何美化人生》

9

有很多的人，只是想到深山里居住，找一些信徒来供养自己，让自己将来往生西方极乐世界。别人沉沦在苦海里面，自己逃跑了，自私自利怎能得度呢？一个修道者不能太自私，“要学佛道，

李萧锟　绘

星云语录

日常生活中，许多人习惯与人计较、比较，心中充满猜疑、愤恨，整天被贪嗔愚痴或烦恼忧伤所系缚，就像生活在地狱里那么痛苦不堪。如果我们能够时时保持一颗明净的心、开阔胸怀、包容一切，使心念趋向正道，当下就是活在天堂里。

先结人缘”，这是菩萨发心。

——《星云说偈》

10

一般人在事业上要精进向上、要有毅力，若常常闹情绪，常常灰心，没有勇往向前的气概，当然就不具备升迁的条件。我们要往生佛国，也一样要具备发久远的菩提道心，才能到西方极乐世界。

——《星云法语·升迁的条件》

11

一个人想过闲云野鹤的生活，像出尘隐士一样逍遥自在，喜欢山居无忙碌世事，又没有人情的烦恼困扰，这种悠闲日子，不是人人过得了的。很多人没有定力，隐遁深山还不是与草木同腐朽？自己心地不用功，不要说隐遁深山，就算住在天堂，住在极乐世界里，不念佛、念法、念僧也是没有用的。

——《星云说偈》

12

人生需要寻找依靠，阿弥陀佛也好，观世音菩萨也好，任何佛菩萨都可以做我们生命的依靠。所以，信仰能使我们在虚幻的世相上建立安稳的依靠。

——《人间佛教系列·佛教与生活·生活与信仰》

13

世间上虚空最大，因为它能包容万物，因此我们要像虚空能容纳异己、异中求同、同中存异、和谐相处，那必定是一个净土的世界。

——《星云说偈》

14

“未曾度者要须船”，还没有登彼岸，需要靠船，就是需要靠佛法。如何从苦的娑婆世界，到快乐的极乐世界；如何从迷妄的世间，到觉悟的世间；如何从虚假的人事，慢慢到真实的世界，这就必须靠佛法的船筏。

——《星云说偈》

15

世界日益混乱，处在混乱的环境中，我们如何不迷乱？有了佛心，以佛心看世间，人人都是佛，世间就是佛国净土。

——《星云法语·净化心灵》

16

佛教虽然教我们修持生天的三福行，但并不是叫我们都厌弃人间，遁逃到天堂。我们在人间修行，经过天道而成佛证果，也不必在天堂。事实上，天堂虽然比人间享福千万倍，但是天道的众生只知耽逸于快乐，不能未雨绸缪、居安思危，等到福尽堕落，只有懊悔空叹，乐极生悲了。

——《人间佛教系列·人生与社会·从天堂到地狱》

17

天堂、地狱在哪里？天堂在人间，地狱也在人间。现在有的人住在高楼大厦，有冷气、冰箱、汽车、电视等舒适的享受，这不就是天堂吗？许多贫苦的地方，脏乱、阴暗、潮湿，这不就是人间的地狱吗？天堂、地狱在我们的心里。早上起床，心里无忧无虑，到公园去运动、慢跑、享受新鲜空气，这不就是人间天堂吗？但是，回到家里，饭桌上一坐，吃的东西不合口味，筷子一掼，碗一推，生气了，起嗔恨心，那不就是地狱吗？

——《六祖坛经讲话·决疑品》

18

天堂、地狱有什么不同？只要肯容忍、帮助人，那就是天堂。反之，自私、执着、计较，那就是地狱。

——《星云说偈》

19

古德说："口中吃得清和味，心里常思佛土居。"假如我们能安分守己，粗茶淡饭、粗布衣单也可以说是富贵的生活。心里面常常欢喜在净土佛国，那思想境界就更加高远了。

——《星云说偈》

20

常听人说：“你为什么不听我的话？”事实上，真正不听话的是我们的心，故心常犯过失。外在境界无绝对的好坏，心净可以美化我们的世界，所以找寻心的一片净土很重要！

——《名人证言录序·把心找回来》

21

我们早晨出门，知道晚上要到哪里，同样地，我们总要知道将来到哪里。当然，最好是预备到西方极乐世界。“人生百岁七旬稀，往事回观尽觉非”，大家百年之后到哪里去呢？为什么不早一点准备好自己要去的地方呢？

——《星云说偈》

22

为什么要追求极乐净土，因为：

（1）黑暗需要光明。 （2）苦难需要安慰。

（3）战争需要和平。 （4）动荡需要安稳。

（5）贫穷需要富足。 （6）短暂需要永恒。

（7）烦恼需要解脱。 （8）生死需要得救。

（9）染着需要净化。（10）差别需要平等。

——《开示》

23

自私自利的人，常处地狱中；

服务他人的人，身在天堂里。

——《星云日记》

24

学“禅”，先要学惭愧，自知惭愧才有禅心；

修“净”，首须修恭敬，能恭敬人才有净土。

——《佛光菜根谭》

25

修习正见，是到达真理之路；

护持正法，是开启佛国之钥。

——《佛光菜根谭》

26

怀抱“爱心”来对待世上一切，世界会更美丽；

怀抱“喜心”来观看世间所有，娑婆会变净土。

——《佛光菜根谭》

27

交友以无嗔为自在，做人以无痴为清凉；
用心以无相为净土，修行以无得为涅槃。

——《佛光菜根谭》

28

功名富贵转眼空，唯立功、立德才是真受用；
世间三界皆火宅，唯安身、安心才是好净土。

——《佛光菜根谭》

29

心真，则大地皆清净；心善，则行事皆顺畅；
心美，则众生皆可爱；心诚，则天下皆平坦。

——《佛光菜根谭》

30

找到自己，能寻回生命的本质；
扩大自己，能延长生命的价值；
升华自己，能体会生命的自在；
圆满自己，能觉悟生命的真谛。
这就是净土。

——《佛光菜根谭》

31

处处与人计较，猜疑愤恨，心中充满贪嗔痴，就是地狱；

念念行戒定慧，慷慨布施，心中充满真善美，就是天堂。

——《佛光菜根谭》

32

酷暑寒冬都美，南北东西都好，

高低上下都妙，人我界限都无，

这就是净土了。

——《佛光菜根谭》